Katja Ludwig

Der Schwesternzauber

Katja Ludwig

Der Schwesternzauber

Vignetten
von Susanne Göhlich

cbj

für Milla und Paula

1. Kapitel

Wir sind gleich da“, sagte Teresa streng.

„Ich muss aber ganz nötig“, jammerte Trudi.

Teresa schüttelte ungehalten den Kopf. „Warum musstest du dir unbedingt diese blöde Cola kaufen?“

„Du wolltest ja wohl auch probieren!“ Trudi nahm den letzten Schluck aus der Flasche. Obwohl sie eigentlich nichts mehr runterkriegte, ohne vorher aufs Klo zu gehen. Aber die Cola im Zug war teuer gewesen und so durfte kein Tropfen verschwendet werden.

Teresa und Trudi fuhren das erste Mal alleine mit dem Zug zu Oma und Opa aufs Land. Es waren Trudis erste richtige Sommerferien. Nach den Ferien würde sie in die zweite Klasse kommen.

„Wir schaffen das schon, Mama!“, hatte Teresa ihrer Mutter versichert.

„Mach dir keine Sorgen“, hatte Trudi hinzugefügt und sich bei ihrer großen Schwester eingehakt, ohne dass diese sie gleich – wie sonst immer – unwirsch abgeschüttelt hatte. Teresa war zehn und Trudi sieben. Sie hatten ihre Großeltern seit Ewigkeiten nicht mehr gesehen. Mama und Papa mussten viel arbeiten, manchmal sogar am Wochenende. Opa verreiste grundsätzlich nicht, und Oma wollte nicht ohne ihn fahren.

Teresa und Trudi kannten ihre Großeltern deshalb eigentlich nur von Fotos.

Der Zug tutete und verlangsamte seine Fahrt.

„Los komm, da sind sie!", rief Teresa und zog rasch am Haargummi, um ihren Zopf zu lösen. Ihre blonden Haare wellten sich um ihren Kopf. *Straßenköterblond*, wie die blöde Rhea, die über ihnen wohnte, immer betonte. *Honigblond,* sagte Mama. Trudi öffnete auch ihren Zopf. Sie hatte fast die gleiche Haarfarbe wie Teresa, aber krisseligere Locken. *Spirellilocken*, sagte Rhea dazu und es klang, als wären sie irgendetwas Billiges aus dem Supermarkt.

„Musst du mir immer alles nachmachen?", fauchte Teresa und zerrte ihre Schwester zur Tür. Ihre Mutter hatte ihnen heute Morgen auch noch die gleichen Klamotten rausgelegt. Mütter fanden das süß, aber Trudi wusste, dass große Schwestern es hassten. Da die anderen Sachen jedoch schon in ihren Rucksäcken verstaut gewesen waren und sie es eilig gehabt hatten, trugen Trudi und Teresa nun das gleiche rote Cordkleid mit der großen Vordertasche am Latz. Trudi liebte es, so auszusehen wie ihre Schwester. Im Zug hatte sie heute jemand sogar für Zwillinge gehalten! *So können uns unsere Großeltern doch auch gleich viel besser erkennen!*, dachte sie zufrieden.

Quietschend hielt der Zug.

„Sie sehen ganz anders aus, als ich sie in Erinnerung habe", meinte Teresa.

„Und wenn die da es jetzt gar nicht sind?", flüsterte Trudi und versuchte, nicht an ihre volle Blase zu denken.

Auf einem verwilderten Bahnsteig stand ein älteres Pärchen und winkte. Als sich die Türen öffneten, stürmte Trudi als Erste aus dem Zug. Außer ihrer Schwester stieg sonst niemand aus. *Verwechslung mit anderen Großeltern wohl nicht möglich*, schoss es Trudi durch den Kopf, obwohl ihr das in diesem Augenblick ziemlich egal war. An den vermeintlichen Großeltern vorbei verschwand sie im Gebüsch neben dem Wartehäuschen. Auch die Brennnesseln waren ihr schnuppe. *Hauptsache pullern.* Als sie fertig war und sich die Unterhose wieder hochzog, sah sie sich um: Der Bahnhof war irgendwie gar kein richtiger Bahnhof, sondern nur ein einsames kleines Wartehäuschen in der Knallsonne. *Hier ist alles so anders,* dachte sie. *Wie in einem anderen Land.*

Als Trudi mit hochgestreckten Armen aus dem Gebüsch kam, warteten die anderen schon am Auto. „Scheißbrennesseln!“, schimpfte sie.

„Bist du groß geworden, Trudchen!“, meinte die Oma.

Was sonst?, dachte Trudi, die sich sicher war, diese beiden alten Leute noch nie gesehen zu haben. *Ok, beim letzten Mal war ich ja fast noch ein Baby. Aber sie sehen anders aus als auf den Fotos.* Der vermeintliche Opa reichte ihr stumm eine braun gebrannte faltige Hand mit schmutzigen Fingernägeln. *Der guckt aber grummelig,* dachte Trudi und fand ihn ein bisschen unheimlich. Die Oma steckte ihr eine Margerite ins Haar, wie sie es offensichtlich auch schon bei Teresa gemacht hatte. „Willkommen in Zäck!“, sagte sie. „Habt ihr Hunger?“

Die Mädchen nickten.

„Ich brauch noch Sechskantschrauben und Hutmuttern“, brummte der Opa.

„Dann fahren wir am besten nach drüben auf den Markt“, sagte Oma Zäck. „Schrauben kaufen und Schaschlik essen. Oder Kartoffelpuffer. Und ein bisschen bummeln.“

2. Kapitel

Oma und Opa Zäck wohnten in Zäck, einem Dorf, das ganz am Rand von Deutschland lag. „Dort, wo in Deutschland morgens immer zuerst die Sonne aufgeht“, hatte Papa gesagt, aber nicht so wahnsinnig begeistert ausgesehen. „Am Ende ihres Gartens kommen dann nur noch der Deich und ein Fluss, der Oder heißt. Drüben, also auf der anderen Flussseite, ist man in einem anderen Land, nämlich in Polen.“

Hier soll also Papa als Kind gewohnt haben, dachte Trudi und sah neugierig aus dem Fenster.

In Opas hellblauem Trabi fuhren sie über die große Brücke in das Land am anderen Flussufer. Es sah eigentlich genauso aus wie in Deutschland: das gleiche trockene Sommergras, Pappeln, die im warmen Wind leise raschelten. Gleich am Ufer befand sich der Parkplatz. Sie ließen Opa in einer der Werkzeugbuden und schlenderten über den riesigen Markt. *Hier gibt's ja wirklich alles,* dachte Trudi. *Hochzeitskleider, Schaukelpferde, Räucherfisch, sogar Frisörbuden.* Oma begutachtete die Spankörbchen mit den ersten Pfifferlingen des Jahres. „Mögt ihr Pilzomelett?", fragte sie die Mädchen und es war ihr genau anzuhören, wie *sie* Pilzomelett fand. „Mit Speck und Petersilie?"

Teresa und Trudi sahen sich an. *Wir können ihr doch jetzt nicht sagen, dass wir Pilze hassen,* dachte Trudi. *Wo wir uns doch gerade erst fünf Minuten kennen.*

„Blaubeeren essen wir lieber", meinte Teresa vorsichtig. *Sie sieht richtig grün im Gesicht aus,* fand Trudi. Aber Teresa musste sich ja auch schon allein bei dem Gedanken an Pizza Funghi übergeben.

Die Verkäuferin lachte. Oma nahm Pilze und Blaubeeren. Die Mädchen bekamen eine Extraportion in die Hand. Neben einem Stand mit riesigen Aquarien voller glitzernder Goldfische verkaufte jemand Plastiktiere, Rehe, Schafe und Schweine, ja sogar Löwen und Einhörner in Lebensgröße, die man sich in den Garten stellen konnte. Sie sahen täuschend echt aus. „Schade, dass wir keinen Garten haben", sagte Trudi und überlegte, ob wenigstens eine Plastikeule auf ihren Balkon passte. „Die Rehkitze sind ja so süß."

„Papa und Mama finden das bestimmt kitschig", sagte Teresa. Trudi nickte seufzend und steckte sich eine Blaubeere in den Mund.

„Wer kauft denn das ganze olle Zeug bloß noch?", meinte Oma Zäck kopfschüttelnd und blieb an einem Stand mit grauen Fellmützen, alten Orden und zerschlissenen DDR-Fahnen stehen. „Schapkas", sagte sie und deutete auf die grauen Fellmützen mit den Ohrenklappen. Der Verkäufer, der wahrscheinlich aus Werbegründen trotz des Sommerwetters eine dieser Mützen trug, war bereits dabei, seine Sachen zusammenzupacken. Seine Laune schien nicht die beste zu sein. Er fuhr sich mit der Zunge über seine glänzenden Goldzähne und verzog den Mund zu einem falschen Lächeln.

„Kommt weiter, Kinder," sagte Oma und warf ihm einen finsteren Blick zu. Hungrig sog sie den Duft von Schaschlik ein. „Lasst uns was essen gehen." Sie drehte sich um und ging zurück in Richtung Werkzeugbude.

Opa Zäck kramte in einer Kiste mit Rohrzangen. „Wolltest du nicht Schrauben kaufen?", meinte Oma und blickte sich suchend um. „Wo ist denn deine Schwester?", fragte sie Teresa. Teresa sah, dass Trudi immer noch am Fellmützenstand war. Eine der alten roten Fahnen flatterte neben ihr in der nachmittäglichen Brise.

Teresa lief zurück, um sie zu holen. „Komm jetzt, Oma und Opa warten!“

Aber Trudi stand wie angewurzelt da und rührte sich nicht.

Neugierig guckte Teresa über Trudis Schulter. Der Fellmützenmann war gerade dabei, eine Reihe von bunt lackierten Holzpuppen vor ihr aufzustellen. Sie waren unterschiedlich groß, sahen sonst aber alle gleich aus: In jeder Puppe steckte immer eine etwas kleinere.

„Matroschkas“, sagte er, und jetzt war sein Lächeln echt. „Sie sind wie Schneeflocken. Alle sehen gleich aus und trotzdem gleicht keine der anderen.“ Seine Goldzähne glänzten jetzt so sehr, dass sich die Mädchen darin spiegeln konnten. „Eine ist keine“, raunte er ihnen zu. „Sind aber mehrere darin, macht jede Puppe Sinn. Kinder und Kindeskinder sind das hier, oder wenn ihr es wollt – Schwestern, so wie ihr.“

„Hast du noch mehr?“, fragte Trudi fasziniert. Er griff in eine Kiste und holte weitere Puppen hervor. Keine Matroschka war wie die andere, alle waren unterschiedlich bemalt. Die Mädchen waren hingerissen: sieben Puppen in einer und alle gleich, bis auf die Größe! Die beiden Schwestern waren sich sofort einig, dass sie solche Puppen unbedingt haben mussten.

„Was kosten die?“, fragte Teresa.

„Die Siebenteiligen kosten 20 Euro“, sagte der Mann, „und die Fünfteiligen 18. Sind alle handbemalt, in Heimarbeit von armen russischen Babuschkas.“ Er beugte sich vor und tat so, als ob er fröstelte. „In einsamen Winternächten vor dem Ofen.“

Trudi sah ihn misstrauisch an.

Teresa rechnete indes fieberhaft ihr Taschengeld zusammen. „Wir haben insgesamt nur vierzehn Euro“, flüsterte sie Trudi ins Ohr. „Wenn du im Zug nicht die blöde Cola gekauft hättest, könnten wir uns jetzt wenigstens *eine* Puppe leisten.“

Trudi schaute sich suchend nach ihren Großeltern um.

„Was ist jetzt?“, brummte der Fellmützenmann. Mit den Mädels war offensichtlich genauso wenig Geschäft zu machen wie mit deren Oma.

„14 Euro reichen ja sicher auch“, sagte Trudi zu ihm. „Wenigstens für eine fünfteilige Puppe, oder?“

„Bitte“, fügte Teresa hinzu.

Der Verkäufer sah sie an und pulte nachdenklich mit einem trockenen Grashalm zwischen seinen Zähnen. „Sucht euch eine aus, aber schnell. Ich will Feierabend machen“, knurrte er und begann, die einzelnen Puppen wieder zusammenzustecken.

Die Blicke der Mädchen irrten von einer Puppe zur anderen. Alle waren so schön, wie sollten sie sich da entscheiden?

Der Verkäufer verlor langsam die Geduld. Er schien sich auch schon über seine Großzügigkeit zu ärgern. Suchend sah er sich um und griff scheinbar wahllos eine der Puppen. Er polierte sie kurz mit seinem Hemdsärmel und drückte sie dann Trudi in die Hand.

„Hier", sagte er und streckte Teresa fordernd die offene Hand entgegen. Teresa reichte ihm wortlos das Geld.

„Und tschüss." Er wedelte mit der Hand, als ob er sie verscheuchen wollte. „Los, eure Omi wartet sicher schon."

3. Kapitel

Sie machten einen kleinen Umweg, um ein Stück am Flussufer entlangzulaufen. Ein langer Kohlenfrachter schipperte vorbei. Die Sonne glitzerte auf dem Wasser und spiegelte das Himmelsblau. Trudi blieb stehen, hielt die Matroschka hoch und winkte. Teresa zog ihre Schwester unsanft weiter.

„Ej, lass das! Ich hab die Matroschka in der Hand!", schimpfte Trudi und stolperte im nächsten Moment über eine flache Betonkante.

„Scheiße!", heulte sie. „Du bist schuld!" Trudi rieb sich die aufgeschürften Knie mit betont gequältem Gesicht.

„Das kommt nur, weil du immer rumtrödelst", motzte Teresa, „und ich immer auf dich aufpassen muss. Wie auf ein Baby!"

„Musst du ja gar nicht!", heulte Trudi.

Teresa besah sich die aufgeschürften Knie ihrer Schwester. „Is' ja wohl nicht so schlimm!" Dann griff sie nach der Matroschka, die ein Stück weiter im Schilf lag.

„Nur ein bisschen nass", sagte sie, wischte die Puppe an ihrem Kleid ab und reichte sie Trudi. „Glück gehabt."

Sie rannten dem Schaschlikduft entgegen. Die Puppe klapperte im Rhythmus ihrer Schritte. Die Oma saß schon an einem der wackeligen Plastiktische, vor sich einen Turm von Kartoffelpuffern. Opa balancierte einen Teller mit Schaschlikspießen.

„Was habt ihr denn da?", mümmelte Oma Zäck mit vollen Backen. „Herrje, eine russische Schachtelpuppe? So eine hatte ich als Kind auch! Weiß gar nicht, wo die geblieben ist."

„Nun greift mal zu Mädels, bevor alles kalt wird", brummte Opa Zäck.

Oma Zäck klatschte jedem der Mädchen gleich drei Kartoffelpuffer auf den Teller und schob ihnen die Zuckerdose hin. Opa legte einen Schaschlikspieß dazu. Während sie futterten, besahen sich Trudi und Teresa eingehend ihre Puppe. Sie trug ein leuchtend gelbes Schürzenkleid und unter ihrem roten Kopftuch lugten lange, dunkle Zöpfe hervor. *Gelb und rot sind auch meine Lieblingsfarben*, dachte Trudi und freute sich.

„Komisch“, mampfte Teresa, „obwohl er so unfreundlich war, hat er uns, glaub ich, die schönste Puppe gegeben.“

„Find ich auch“, stimmte Trudi ihr zu. „Echt merkwürdig.“

Sie wischte sich ihre klebrigen Hände heimlich an der Tischdecke ab und griff nach der Matroschka. Die quietschte beim Öffnen. Trudi stellte die Püppchen der Größe nach auf und stieß ihre Schwester in die Seite.

„Da fehlt eine!“, sagte sie fassungslos.

„Stimmt, die Zweitgrößte fehlt!“, rief Teresa entsetzt. „Darum also hat er sie uns billiger gelassen!“

Trudi fing an zu weinen. Ihr ganzes Geld hatten sie für die Puppe ausgegeben!

„So ein Gauner!“, schimpfte nun auch Oma Zäck, steckte die Matroschka wieder zusammen und erhob sich. „Kommt, Kinder, das lassen wir uns nicht gefallen!“ Wutschnaubend verließ sie die dampfende Imbissbude. Die Mädchen folgten ihr.

Der Platz, wo der Fellmützenmann gerade eben noch gestanden hatte, war leer. Nichts als platt gedrückte Wiese weit und breit, dahinter nur der Fluss.

„Morgen ist hier auch Markt. Da fahren wir wieder hin und dann werd ich dem was erzählen!“, wetterte Oma Zäck. „Kleine Kinder betrügen und ihnen das Geld aus den Taschen ziehen!“

„Wir sind nicht klein“, schniefte Trudi.

„Meinst du, er hat uns absichtlich betrogen?“, meinte Teresa, als sie sich wieder zu Opa und den Kartoffelpuffern gesetzt hatten.

Betrübt stellte Trudi die Matroschka neben ihren Teller und ließ ihre Finger über das glänzende Holz gleiten. Der Appetit war ihr vergangen. Sie sah, wie sich ihr verheultes Gesicht in der schmierigen Plexiglasverkleidung der Imbissbude spiegelte, neben ihr die hübsche Matroschka mit ihren langen dunklen Zöpfen. „Du bist so schön“, murmelte Trudi und starrte auf das Spiegelbild.

Mit einem Mal schien ihr es, als ob das Gesicht der Puppe nicht nur einfach so aufgemalt war. Es sah genauso lebendig aus wie ihr eigenes, fand sie. Nur nicht so verheult. Die Puppenaugen blitzten und die Matroschka lächelte Trudi schüchtern an. Ihre hölzernen Wangen färbten sich rosa. Zögernd trat sie vor: zwei winzige Schritte.

Hä??, schluckte Trudi. *Wie bitte?*

4. Kapitel

Mensch Trudi, pass doch auf!", schrie Teresa. Es schepperte, und der Teller mit den Kartoffelpuffern landete auf der festgetretenen Erde zwischen den Tischchen, schön verteilt neben Senfklecksen und angetrockneten Mayonnaiseresten.

„Die schönen Puffer", knurrte Opa Zäck finster.

„Wir nehmen sie den Hühnern mit, die freuen sich über so was", sagte Oma Zäck, bückte sich und stopfte sie in die Plastiktüte zu der Rohrzange und den Sechskantschrauben. „Kommt Mädels, wir fahren nach Hause. Ihr müsst hundemüde sein. Nachtisch gibt's im Garten!" Sie schnappte sich die Matroschka und steckte sie in die Vordertasche von Trudis rotem Cordkleid. Mit Trudi an der Hand stapfte sie aus der Schaschlikbude in Richtung Parkplatz. Opa und Teresa folgten. Kurz darauf knatterte der alte hellblaue Trabi über die Brücke zurück nach Deutschland.

Auf der Rückbank versuchte Trudi verzweifelt, ihrer Schwester etwas ins Ohr zu flüstern.

„Mann, du musst lauter reden, ich versteh nichts“, meinte Teresa genervt.

„Sie leeebt“, wisperte Trudi, starrte stur geradeaus und zeigte dabei auf die Matroschka in der Vordertasche ihres Kleides. Sie traute sich plötzlich nicht mehr, die Puppe anzufassen.

„Ich – ver – steh – dich – nicht“, wiederholte Teresa und guckte die Matroschka an. Sie schien nichts Ungewöhnliches zu bemerken.

Trudi packte Teresa am Arm und zeigte nach vorne in den Rückspiegel des Autos. Teresa hob den Blick und erstarrte. Denn jetzt sah sie es auch: Die Matroschka in Trudis Rocktasche plinkerte schüchtern mit den Augen. Der Lack auf ihren Wangen schien zu glühen.

„Ist alles in Ordnung, Mädels?“, fragte Oma Zäck und drehte sich zu ihnen um.

Die beiden nickten stumm.

„Wir sind ja gleich da“, knurrte Opa und bog auf einen rumpeligen Schotterweg. Das lange Gras am Wegrand klatschte gegen das Auto. An einem rostigen Tor, in das mannshohe Brombeerranken eingewachsen waren, sodass niemand es mehr schließen konnte, saß der alte Erich. Den kannten sie auch von Fotos. Erich war *der* Grund, warum Teresa unbedingt die Ferien hier verbringen wollte. Sie wünschte sich schon lange einen Hund.

„Unsere graue Eminenz erwartet euch schon", sagte die Oma. Erich war ein riesiger, zotteliger Hund unklarer Rasse, der jetzt ganz unmajestätisch die Ohren anlegte und dabei seine Schnauze zu einem freudigen Grinsen verzog. Gemächlichen Schrittes trabte er hinter dem Auto her. Obwohl alle ihn den ollen Erich nannten, war er nicht wirklich alt. Er hieß nur so.

„Seit er ausgewachsen ist, passt er nicht mehr ins Auto. Wir haben uns da ein bisschen vertan, als wir ihn als Welpen kauften", sagte Oma Zäck. „Deshalb muss er auf dem Hof bleiben, bis wir uns mal ein größeres Auto zulegen."

Erich war so riesig, dass er bequem ins Auto gucken konnte.

Die Mädchen stiegen aus. Draußen roch es nach modrigem Wasser und blühendem Jasmin. Sie streichelten Erich und sahen sich um.

„Na", sagte Oma Zäck, „erkennt ihr es wieder?"

Die Mädchen schüttelten den Kopf. *Was für ein Quatsch!* Bei ihrem letzten Besuch hier hatte Trudi noch im Kinderwagen gesessen. Und das war Ewigkeiten her, schließlich war sie inzwischen Schulkind mit Seepferdchen und Füllerdiplom. *Wenn es überhaupt unsere richtigen Großeltern sind*, fügte sie in Gedanken hinzu. Trudi war sich da immer noch nicht so ganz sicher.

Die alte Fischerkate, in der die Großeltern wohnten, war zwar nicht groß, aber ziemlich merkwürdig. Außen hatte sich um den grauen, bröseligen Putz Efeu und wilder Wein gewickelt, die das ganze Haus irgendwie zusammenzuhalten schienen. Die Eingangstür des Hauses lag nach hinten raus, Richtung Deich. Durch den Vordereingang kam man nur bis in die Küche. Und von der Küche gab es keine Tür zum Rest des Hauses, nur eine schmale Durchreiche ins Esszimmer, die der Opa in die Wand gehauen hatte. „Damit die Klöße und der Braten nicht kalt werden", sagte Oma Zäck. „Früher mussten wir immer alles ums Haus tragen, wenn wir am Sonntag oder zu Weihnachten im Esszimmer essen wollten."

Teresa und Trudi nickten verständnisvoll, aber Trudi flüsterte ihrer Schwester zu: „Das gibt's doch nicht! Als das Haus gebaut wurde, haben die wirklich die Küche vergessen?"

Teresa kicherte: „Und als sie die dann nachträglich angebaut haben, haben sie die Tür von der Küche ins Haus vergessen. Wie blöd ist das denn?"

„Kein Wunder, dass Papa hier wegwollte. Bei so einer Verwandtschaft", meinte Trudi.

„Psst! Vielleicht waren sie ja ganz arm und

hatten kein Geld mehr für eine Tür," flüsterte Teresa.

Trudi wandte sich an ihre Großmutter. „Wer hat denn eigentlich das Haus gebaut?", erkundigte sie sich.

„Keine Ahnung", meinte Oma Zäck, „euer Urgroßvater hat es damals von der krummen Elfriede geschenkt bekommen, seiner Tante. Als der die Gegend hier im Alter zu feucht wurde, ist sie in eines der Höhendörfer gezogen und hat das Haus eurem frisch vermählten Urgroßvater Stani überlassen, Stani, dem Oderfischer."

Die Mädchen waren ziemlich erleichtert, als sie hörten, dass Opa Zäck vor ein paar Jahren ein Toilettenhäuschen direkt ans Haus gebaut hatte, sodass man nachts nicht mehr draußen auf das alte Plumpsklo musste. Von dem schrecklichen Plumpsklo voller Spinnweben und Fliegenleichen hatte Papa ihnen erzählt. Deswegen wären sie beinahe nicht alleine hierhergefahren.

Oma brachte die Mädchen über die steile Holztreppe nach oben auf den Boden. Eine der Dachkammern diente als Gästezimmer. In der Kammer befand sich nichts weiter als ein großes Bett, mehr passte nicht hinein. Für die Kleider gab es eine lange Reihe verschiedenster Haken und Nägel an der Wand. An die Tür hatte jemand einen alten Schrankspiegel geschraubt. *Wahrscheinlich mit Sechskantschrauben,* dachte Trudi und kroch über das Bett. Sie stellte die Matroschkapuppe auf das Fensterbrett und lächelte sie aufmunternd an, doch das Holzding verzog keine Miene.

„Du bist so schön", sagte sie, aber nichts passierte. Nur dass Teresa sich umdrehte und fragte: „Findest du?"

„Du doch nicht", zischte Trudi. Hatte sie sich das vorhin in der Imbissbude und im Auto etwa alles nur eingebildet? *Aber Teresa hat es doch auch gesehen!*

5. Kapitel

Trudi spähte vom Fenster hinunter in den Obstgarten. Unter einem der krummen Apfelbäume hatte der Opa es sich in einem Liegestuhl zu einem Nickerchen bequem gemacht, zu seinen Füßen hockten die Hühner und stritten sich um die mitgebrachten Kartoffelpuffer.

„Habt ihr nur vier Hühner?“, fragte Trudi verwundert. Angeblich war dies hier doch so was wie ein kleiner Bauernhof, hatte Mama jedenfalls behauptet. *Aber Mama ist ja auch ewig nicht hier gewesen. Trotzdem: Vier Hühner und ein Hund machen ja wohl noch keinen Bauernhof!* Und es sah von oben auch nicht so aus, als ob hinten im Garten noch ein paar Kühe oder Schweine rumstehen würden. *Nur weil man auf dem Land wohnt, ist man ja nicht gleich ein Bauer.*

„Neun Hühner hab ich im Frühling gekauft.“ Oma schob ihre Rucksäcke unter das Bett, dann beugte sie sich vor und warf einen finsteren Blick auf den ollen Erich, der sich mit einem Kartoffelpuffer im Maul zufrieden neben Opas Liegestuhl ausstreckte.

„Fünf Stück haben mir diese Halunken bis jetzt schon geholt. Zwei der Habicht und drei der Fuchs." Sie seufzte. „So, ihr zwei, macht mal jetzt schön ein kleines Schläfchen. Ich leg mich auch ein bisschen hin und weck euch dann zum Kaffee."

Oma breitete eine riesige, aus bunten Wollresten gehäkelte Decke über ihnen aus. *In einsamer Winternacht vor dem Ofen*, schoss es Trudi durch den Kopf und sie musste fast grinsen. „Ab unter die Decke." Oma ließ die Tür einen Spaltbreit auf und schlurfte mit schweren Schritten wieder nach unten.

„Findest du nicht auch alles ein bisschen merkwürdig hier?", flüsterte Trudi ihrer großen Schwester zu.

Teresa nickte. „Hier ist alles irgendwie so ... verwunschen."

Sie blickten erwartungsvoll auf die Matroschka. Nichts passierte.

„Und wenn die beiden wirklich nicht unsere richtigen Großeltern sind?", fing Trudi wieder an.

„Du spinnst echt", meinte Teresa, „sie sehen doch fast genauso aus wie auf den Fotos!"

„Finde ich nicht."

„Und wer sollen sie denn dann deiner Meinung nach sein?“

„Ich weiß nicht, eine Hexe und ihr Mann.“ Trudi zuckte mit den Schultern.

Teresa kroch zu der Matroschka ans Fenster. „Wach auf, wenn du wirklich lebendig bist!“, sagte sie zu der Puppe, die jedoch einfach nur hölzern zurückstarrte und sich nicht rührte. „Na los!“

Trudi betrachtete die beiden nachdenklich. Dann krabbelte sie aus dem Bett und schloss die Kammertür. Ihr Blick fiel in den Spiegel.

„Kkkkkomm mal her“, sagte sie mit zitternder Stimme zu ihrer Schwester und deutete neben sich. Teresa seufzte genervt und rutschte zu ihrer kleinen Schwester.

„Guck in den Spiegel“, befahl Trudi.

Die beiden Mädchen sahen, wie die Matroschka hinter ihnen auf der Fensterbank unschlüssig an ihrem roten Kopftuch herumzupfte. Eine Strähne ihres glänzenden dunkelbraunen Haars fiel ihr dabei ins Gesicht. Es knackte leise, als die Matroschka ihren Mund öffnete, sie anblickte und schüchtern fragte: „Habt ihr zufällig meine Schwester gesehen?“ Ihre helle Stimme klang wie Wind, der raschelnd durch welkes Laub streift.

Die Mädchen waren sich im ersten Augenblick nicht sicher, ob sie wirklich etwas gehört hatten.

Sie beugten sich zum Spiegel vor. Trudi bekam eine Gänsehaut, als jemand mit einem trockenen Knarzen das Oberteil der Holzpuppe von innen wie einen Hut in die Höhe hob. Die nächste Puppe kam zum Vorschein und fragte: „Ist sie wieder da?“

„Nein, liebste Piroschka“, antwortete die Große. „Ist sie nicht. Und jetzt lass mich bitte wieder runter.“

Die Kleinere kletterte umständlich aus der Größeren auf das Fensterbrett und setzte ihr schnell das Kopfteil wieder auf.

„Tonjetschka?“, rief jemand gedämpft.

Piroschka lächelte und kippte ihren Oberkörper zur Seite, um die noch kleinere Dame mit Kopftuch und Schürzenkleid aus sich herauszulassen.

„Nein, Klawotschka,“ flüsterte die Größte besorgt. „Tonjetschka ist leider noch nicht wieder aufgetaucht.“

„Hab ich mir fast gedacht“, meinte die Klawotschka, streckte sich und guckte mürrisch. „Was war das vorhin für ein Gerüttel und Geschüttel? Es ist aber auch ungemütlich in uns drin, wenn eine fehlt! Nichts stimmt mehr. Das geht einfach gar nicht. Eine richtige Zumutung ist das von ihr!“

Sie sah an sich herunter. „Nun guck sich einer bloß diese Dellen und Schrammen an! Mein ganzes Kleid ist hin! Und mein Kopftuch auch! Schrammen sind schlimmer als Dreck! Die kriegt man doch nicht mehr weg!“, schimpfte sie weiter. „Und Piroschka, sieh dich nur an! Dich hat es ja noch viel schlimmer erwischt!“

„Ach, Klawotschka“, sagte die zweitgrößte Puppe und sah an sich herunter. „Lass mal gut sein. Das sind doch einfach nur Gebrauchsspuren.“

Trudi drehte sich langsam um. *Ich glaub, ich spinne,* dachte sie und starrte auf das Fensterbrett. Sie tippte Teresa auf die Schulter.

Die größte Puppe blickte schüchtern zu Teresa und Trudi hinüber. Dann schien sie sich ein Herz zu fassen und wandte sich mit einem scheuen Lächeln an die beiden Mädchen, die die hölzernen Damen mit offenen Mündern anstarrten:

„Als wir uns vorhin zum ersten Mal in die Augen sahen“, begann sie, „tut mir wirklich leid, aber da war ja nicht genug Zeit ...“

Der Lack auf ihren Wangen färbte sich feuerrot.

„Ich ... ich traute mich nichts zu sagen, weil ... wegen meiner Schüchternheit.“

Ihr ganzer Körper klapperte vor Aufregung. Die anderen beiden Puppen waren verstummt und schoben sie ein wenig nach vorne. Teresa und Trudi nickten ihr vorsichtig lächelnd zu.

„Es ist so, dass wir unsere Schwester suchen. Unsere Tonjetschka ist verschwunden", fuhr sie mit festerer Stimme fort. „Habt ihr vielleicht irgendwo eine einzelne Troschka gesehen?"

„Troschka?", flüsterte Trudi und sah Teresa fragend an.

„Das kommt bestimmt von Matroschka, vielleicht ist das der Nachname von denen", raunte ihr Teresa ins Ohr. „Oder so eine Art Abkürzung."

Die kleinste Puppe wackelte hin und her, wie von einer inneren Kraft getrieben. *Die Klawotschka*, sagte Trudi zu sich. Das Oberteil der Puppe verschob sich so, dass der linke Arm halb über dem rechten Bein zu liegen kam und ihr Kopf nach hinten guckte. Klawotschka stöhnte. „Immer das Gleiche mit ihr! Galotschka, du Dussel! Hoch drrrrücken! Nicht schieben!"

In ihrem Innern rumorte es. Dann öffnete sich die kleine Klawotschka mit einem lang gezogenen Quietschen einen Spaltbreit und die allerkleinste Puppe lugte heraus. Ihre blitzenden schwarzen Knopfaugen richteten sich auf Trudi.

„Entzückend schwabbelig,
berückend wabbelig,
Du überaus niedliches Menschenkindelein
könntest mir doch sicherlich mal behilflich sein?“,

zwitscherte sie.

„Ich bin ja wohl kein bisschen schwabbelig“, knurrte Trudi kaum hörbar und prüfte die Muskeln an ihrem Oberarm. Trotzdem gehorchte sie aufs Wort. Mit zitternden Fingern stellte sie die Allerkleinste zu den anderen auf das Fensterbrett. Von selbst ordneten sie sich der Größe nach in einer Reihe.

„Hallo und schönen guten Tag,“ sagte Piroschka, räusperte sich und sah die beiden Mädchen an. „Also vielleicht sollten wir uns erst einmal vorstellen. Wir sind die fünf Troschkas. Die Jüngste hier, das ist unser Schwesterchen Anuschka“ – dabei zeigte sie merkwürdigerweise auf die Größte von ihnen – „eine Nummer kleiner als ich ist meine Schwester Klawotschka. Die ganz, ganz Kleine hier, das ist unsere Galotschka. Und die, die fehlt, heißt Tonjetschka, unsere Zweitgrößte. Ich bin Piroschka, die Drittgrößte.“

„Ihr seid alle Schwestern?“, fragte Teresa. Die Damen aus Holz nickten.

„Hammer!“, japste Trudi. „Und die Größte von euch ist die Jüngste und die Älteste ist die Kleinste? Also alles verkehrt herum?“

„Umgekehrt würde ich das eher nennen. Von euch aus betrachtet“, wurde Teresa von der, die Klawotschka hieß, etwas säuerlich berichtigt. *Die meckrige Klawotschka scheint so eine Art Vorsprecherin von denen zu sein*, dachte Trudi.

Nun räusperte sich aber Galotschka, die Älteste. Sie kletterte flink auf eine alte Schachtel mit Mottenkugeln, die auf der Fensterbank lag, richtete sich sorgfältig ihr rotes Kopftuch und verkündete:

„Eine für alle und alle in eine,
fehlt jedoch Tonja, so sind wir keine
ganze Matroschka mehr,
unser Dasein bleibt unvollständig und leer.
Habt ihr sie vielleicht gesehen?“

Die Mädchen schüttelten stumm ihre Köpfe.

„Wieso seid ihr denn überhaupt lebendig?“, stammelte Trudi. „Ihr seid doch bloß aus Holz!“

Alle vier Troschkas guckten sie entrüstet an.

„Und darauf sind wir stolz“, sagte die Galotschka und klopfte an den hohlen Kopf ihrer nächst größeren nächstgrößeren Schwester. „Was glaubst du denn? Echte russische Birke, drei Jahre gelagert! Ia Qualität!“

Die Klawotschka schob ihre Schwester zur Seite und wandte sich barsch an Trudi:

„Hör mal, mein übergroßes Fräulein. Wir sind nicht weniger lebendig als du. Ein Blick in die umgekehrte Welt und schon gehören wir zu euch dazu."

Teresa guckte ihre kleine Schwester verständnislos an, doch Trudi hatte sofort kapiert, was die Troschka meinte.

„Im Spiegel werdet ihr also lebendig oder wie?", fragte Trudi. „Wegen umgekehrt?"

„Gut erklärt", lächelte Anuschka, die größte Troschka.

6. Kapitel

Die beiden Mädchen guckten sich an und schwiegen. Komisch waren diese Troschkas ja schon.

Im Haus war es jetzt so still, dass man die alten Dachbalken in der Hitze knacken hörte. Die Damen aus Holz trippelten ans Fenster. Trudi und Teresa schielten über sie hinweg in den Garten hinunter.

Opa Zäck lag immer noch da und schnarchte. Auch der olle Erich hatte seine Augen geschlossen, Ohren und Schnauze zeigten Richtung Küche.

Die Piroschka drehte sich zu den Mädchen um und sagte freundlich: „Euer verfressener Hund weiß längst Bescheid: Waffelduft liegt in der Luft."

Es roch tatsächlich nach frisch gebackenen Waffeln. Trudi streckte sich und merkte, dass sie schon wieder Hunger hatte.

Teresa und Trudi liebten Waffeln, und sie liebten es noch mehr, die Waffeln in fünf einzelne Herzen zu zerteilen und sie dann mit klebriger, blutroter Erdbeermarmelade zu verschlingen.

Die beiden Schwestern sahen sich stumm an und wussten nicht, was sie nun machen sollten. Bestimmt würde Oma Zäck sie gleich zum Waffelessen rufen. Aber sie konnten doch die Troschkas jetzt nicht einfach so packen und wieder ineinander stecken, um sie mit nach unten zum Kaffeetrinken zu nehmen! Wo sie nun ja lebendig waren – das ging irgendwie nicht.

„Wollt ihr keine Waffeln essen gehen?“, fragte Piroschka und schnupperte.

„Und was macht ihr?“, fragte Trudi.

„Wir bleiben hier und warten auf euch.“ Anuschka lächelte. „Versprochen!“

Piroschka kramte in ihrer Schürzentasche und holte ihr Strickzeug hervor. Es sah nach einem Schal aus.

„Trudi, Teresa, kommt Kaffee trinken!“, rief Oma Zäck von unten.

Die Mädchen sprangen aufgeschreckt vom Bett. „Hoffentlich hauen sie wirklich nicht ab, während wir unten sind“, flüsterte Teresa Trudi zu.

„Trudi? Teresa? Habt ihr mich gehört? Kommt runter!“ rief Oma Zäck erneut.

An der Tür drehten sich die beiden Schwestern noch einmal um.

Vier hölzerne Puppen standen steif und unbeweglich auf der Fensterbank.

„Wohl kaum", sagte Teresa und schüttelte verwundert den Kopf.

„Hä? Wie geht das denn?", meinte Trudi verdattert.

„Keine Ahnung. Aber trotzdem kein Wort zu Oma und Opa, das ist unser Geheimnis!", zischte Teresa und polterte die Treppe hinunter. Trudi schien es, als sei ihr Schwester fast froh, erst mal von den seltsamen Puppen wegzukommen. Ihr ging es genauso. *Das ist schon alles sehr sonderbar hier,* dachte sie, *obwohl die Troschkas ja nett sind. Und dabei sie sind doch eigentlich nur aus Holz.* „Warte!", rief sie Teresa noch hinterher, doch dann hielt sie plötzlich inne: *Ich muss es einfach noch mal nachprüfen!,* dachte Trudi. *Jetzt sofort.*

Irgendwie war Trudi ziemlich mulmig, jetzt so allein mit diesen Troschkas in der Dachkammer zu sein. Stumm und unbeweglich standen die vier auf der Fensterbank. *Wieso bloß?*

An Trudis neuer Waschtasche war ein kleiner Spiegel mit Klett. Den kramte sie jetzt hervor.

Setzte sich so aufs Bett, dass sie das Fenster im Rücken hatte.

Schaute in ihren kleinen Spiegel. Und da waren sie wieder quicklebendig: Die Piroschka strickte,

Galotschka popelte und die Klawotschka rubbelte an ihren Schrammen herum. Anuschka winkte ihr lächelnd zu.

Trudi ließ den Spiegel fallen und rannte die Treppe hinunter. Es funktionierte also tatsächlich mit jedem Spiegel!

7. Kapitel

Teresa saß schon unten am Gartentisch, häufte sich Erdbeermarmelade auf eine Waffel und verschlang diese mit monstermäßiger Geschwindigkeit. Opa Zäck titschte seine in den Kaffee und schwieg. Teresa legte einen Finger auf ihren Mund und sah Trudi an.

„Warum sind wir eigentlich so lange nicht hier gewesen?“, fragte Teresa.

Opa Zäck schaute in den wolkenlosen blauen Himmel und kaute. *Hat er nicht zugehört?*

„Opa?“ Trudi wiederholte die Frage ihrer Schwester und nahm sich noch eine Waffel. „Wo es hier doch so schön ist!“

„Frag doch deinen Vater, warum er nie kommt! Hierhin, wo er aufgewachsen ist.“

„Ach, jetzt lass mal, Gerhard“, unterbrach ihn Oma Zäck und legte eine Waffel auf seinen Teller. Sie war gerade mit einem weiteren Turm frischer Waffeln aus der Küche gekommen.

„Ihr seid aber auch noch nie bei uns gewesen“, mischte Trudi sich ein. Opa hin oder her, aber auf ihren Vater ließ sie nichts kommen. Opa Zäck guckte mürrisch und häufte sich einen Berg Schlagsahne auf seine Waffel.

„Was soll ich denn in der Stadt? Da kenn ich doch keinen!“, brummte er mit vollem Mund.

Trudi ließ nicht locker. „Doch. Und zwar mich, Teresa, Papa und Mama.“

„Aha“, sagte Opa Zäck und schmatzte. „Du bist ja eine ganz Schlaue.“

„Wollt ihr nicht gucken, ob die Hühner was gelegt haben?“, sagte Oma und trat Opa unter dem Kaffeetisch gegen das Schienbein. Der starrte sie finster an und löffelte Schlagsahne in seinen Kaffee, bis die Tasse überquoll.

„Hast du auch deine Zuckertablette genommen?“, fragte Oma streng.

Opa Zäck griff nach der Baumarktwerbung aus der Zeitung. „Sind alle.“

Die Mädchen schnappten sich ihre Teller und standen auf. Ihre Mutter hatte ihnen zu Hause unentwegt eingeschärft, dass sie ja mithelfen sollten, beim Tischdecken und Abräumen und so weiter.

In der Küche herrschte grünes Dämmerlicht, denn der wilde Wein rankte schon durch die angekippten Fenster in den Raum hinein.

„Komische Küche“, murmelte Trudi.

„Ich find sie schön, sie sieht wie eine Veranda aus“, sagte Teresa und linste durch die Weinblätter nach draußen.

„Und keine Tür ins Haus. Da –“ Trudi deutete auf die kleine Durchreiche, die sich an der Hinterwand neben einem riesigen alten Küchenschrank befand. „Mach mal auf.“

„Mach du doch! Traust dich wohl nicht.“

Teresa trat an das schmale Fenster. Mit zittrigen Fingern schob sie es hoch. Geräuschlos glitt das Schiebefenster nach oben. Es passte aber kaum mehr als ihr Kopf hindurch. „Oma hat uns noch gar nicht richtig das Haus gezeigt“, meinte sie.

„Lass mich auch mal gucken!“, drängelte Trudi und linste an ihrer Schwester vorbei. Das Esszimmer hinter der Durchreiche lag in einem stickigen Halbdunkel, die Gardinen waren zugezogen. Erkennen konnte man kaum etwas. Ein Tisch und ein paar Stühle. „Los komm, Geschirr abwaschen!“, kommandierte Teresa und schloss das Fenster. Sie hatten noch immer ihre klebrigen Teller in der Hand.

Neben der Durchreiche war auch die Spüle eine weitere Sehenswürdigkeit. Sie bestand aus einem großen, steinernen Becken und einer eisernen Pumpe, die ein schnörkeliger Wasserhahn in Form eines Drachenkopfes zierte. Uralt sah sie aus, so als wäre sie schon vor dem Haus hier gewesen. *Als hätte man die Küche einfach drumrum gebaut,* dachte Trudi.

„Ich will zuerst!", rief sie, doch ihre große Schwester war schneller am Pumpenschwengel.

„Pech gehabt!", meinte Teresa. „Du weißt doch auch gar nicht, wie das geht!"

„Weiß ich wohl!", motzte Trudi. „Du bist echt so fies! Ich habs zuerst gesagt!" Sie starrte Teresa finster an, die aus Leibeskräften den Schwengel hin und her bewegte. Als das erste Wasser aus dem Hahn schoss, wurden jedoch beide still und schwiegen andächtig, bis der Drachen den letzten Tropfen ausgespien hatte. „Puh, ist das kalt", meinte Teresa und schrubbte die Teller und Tassen. „Los, du kannst wenigstens abtrocknen helfen."

Während Trudi das Geschirr abtrocknete, ließ sie ihren Blick erneut durch den Raum gleiten. „Wie in einem Hexenhaus. Und sie könnte auch echt eine sein."

„Was? Wer?", fragte Teresa, die nur mit halbem Ohr zugehört hatte.

„Na, Oma Zäck", sagte Trudi und deutete auf den großen Küchenschrank, der voller Blechbüchsen und Vorratsgläser mit getrockneten Pflanzen war. Über dem alten Ofen in der Ecke hingen auf Fäden gezogene Schoten und Pilze. „Sie könnte eine Hexe sein, die uns entführt hat. Wie bei Hänsel und Gretel. Guck dir das doch mal an. All diese komischen Kräuter hier und das getrocknete Zeug."

„Quatsch", sagte Teresa. „Das macht man so auf dem Land. Da muss man sich bevorraten für den langen, kalten Winter."

„Aber sie könnte ja auch einfach nach drüben auf den Markt fahren, da kriegt man doch alles, was man braucht," meinte Trudi. „Oder hat der im Winter nicht auf?"

„Weiß ich nicht", antwortete Teresa gereizt. „Und hör endlich mit diesem *Nicht-unsere-Oma-Zeug* auf." Sie trocknete sich die Hände ab. „Hier sind bestimmt irgendwo noch ein paar alte Sachen von Papa. Wir müssen uns eben ein bisschen umschauen. Los, komm!"

Draußen vor der Küche saß der olle Erich und schien schon auf sie zu warten. Teresa kraulte ihn hinter den Ohren.

„Ich geh noch mal kurz nach den Troschkas gucken und komme dann", flüsterte Trudi und flitzte ums Haus, durch den dunklen Flur und die Treppe hinauf. Sie linste durch die angelehnte Bodentür. Nichts hatte sich verändert. Die vier standen da, noch genauso stumm und starr wie vor dem Kaffee. *Wodurch verschwindet bloß ihre Lebendigkeit wieder?,* dachte Trudi und lief zurück nach unten. *Wieso bleiben sie nicht lebendig, wenn sie es einmal geworden sind?*

Links neben dem Haus lag ein lang gestrecktes Stallgebäude mit vielen Türen, das offensichtlich als Werkstatt und Garage diente.

Wenn wir das gruselige Plumpsklo finden würden, von dem uns Papa erzählt hat, dann wäre das der Beweis, dass Oma und Opa Zäck wirklich unsere Großeltern sind. Denn Papa hat ja erzählt, dass er der Einzige in seiner Klasse war, der zu Hause noch ein Plumpsklo hatte, total peinlich! Voll mit Spinnweben und toten Fliegen und Käfern. Vor denen hat es Papa aber nicht gegruselt, sondern vor dem großen, schwarzen, stinkenden Loch, über das man sich setzen musste. Von dem man nicht wusste, wie weit es runter in die Tiefe ging. Nur was unten eklig stinkend lauerte, war ja klar. Ganz früher hat Papa sogar geglaubt, dass das Loch direkt in die Unterwelt führt. „Armer Papa", seufzte Trudi und hatte ein bisschen Sehnsucht nach ihm.

8. Kapitel

Obwohl der Hof schon im Schatten lag, spürte Trudi noch die Sonne, als ihre Finger auf den warmen Backsteinen des Schuppens entlangglitten. Der Hühnerstall war leicht zu finden: eine Tür, in der noch eine kleinere Tür war, eine Schlafstange an der Wand, gegenüber davon die Nester der Hühner, kleine Boxen nebeneinander wie eine Reihenhaussiedlung in der Stadt. Teresa hatte zwei Eier gefunden und reichte sie Trudi. „Alles ok da oben?"

Trudi nickte und befühlte vorsichtig die Eier, die grünlich schimmerten. Sie waren noch warm. „Die Troschkas stehen auf der Fensterbank, als sei nichts gewesen", sagte sie. „Als wäre alles nur ein Traum."

„Lass uns zu ihnen zurückgehen und sie noch ein bisschen näher untersuchen", sagte Teresa. „Los!"

Plötzlich stand Oma Zäck vor ihnen. „Ich hab gerade eure Mutter angerufen und ihr gesagt, dass ihr gut angekommen seid." Sie nahm Trudi die Eier ab und packte sie in eine Schachtel auf der Futtertruhe. „Kommt Mädels, ich zeig euch hier mal alles. Die Eier kriegt ihr morgen zum Frühstück."

„Ich mag aber nur das Gelbe", murmelte Trudi.

Oma Zäck öffnete quietschend die alte Holztür neben dem Hühnerstall. „Die Waschküche. Hier wird gebadet, immer freitags." Im Vorraum standen eine Waschmaschine und ein Wäscheständer, im Hinterraum ein großer kupferner Badeofen und eine Badewanne mit schnörkeligen Füßen, das weiße Emaille war rissig und teilweise abgeplatzt.

„Sieht ja recht gemütlich aus", meinte Trudi höflich und dachte: *Haben die gar keine Dusche?* Dann stieß sie Teresa an und tat so, als ob sie sich suchend umsah. „Wo ist eigentlich das alte Plumpsklo?"

„Das alte Plumpsklo?", meinte Oma Zäck erstaunt. „Aber wir haben doch so ein schönes neues Klo direkt am Haus!" Sie griff nach einer alten Blechschüssel, die auf einer Fensterbank stand. „So, Kinder, jetzt zeige ich euch den Garten und den Fluss!" Sie ging ums Haus und öffnete das kleine Holztor, das in den Gemüsegarten führte. „Wir können uns noch ein paar Erdbeeren pflücken."

Trudi hielt ihre Schwester zurück. „Also ich ess hier gar nichts mehr", sagte sie. „Das war doch gerade voll das Ablenkungsmanöver! Die haben hier nämlich gar kein Plumpsklo! Und deshalb ist die da auch nicht unsere Großmutter!"

Teresa nickte kaum merklich und starrte auf ihre Unterarme. Sie hatte eine richtige Gänsehaut bekommen. „Komisch ist das jetzt wirklich."

Die Mädchen betrachteten die alte Frau in der blauen, mit Erde beschmierten Latzhose, die dort im Abendschimmer Erdbeeren für sie pflückte. „Obwohl sie doch eigentlich nett aussieht. Und sie ist ja eigentlich auch ganz nett zu uns, finde ich", meinte Teresa. „Ob nun Hexe oder nicht. Hexen müssen ja auch nicht unbedingt immer böse sein." Sie sah ihre Schwester an. „Ich weiß auch gar nicht, ob es in Wirklichkeit welche gibt."

„Aber das ist hier doch die Wirklichkeit", protestierte Trudi.

Teresa zuckte mit den Schultern und folgte Oma Zäck, um ihr beim Erdbeerenpflücken zu helfen.

„In einer Gegend, wo's sprechende Holzpuppen gibt, dürften Hexen ja wohl auch nicht *so* unwahrscheinlich sein", brummte Trudi und sah zu, wie die beiden mit dem ollen Erich den Deich hinaufstiegen und dahinter verschwanden. Schnell rannte sie hinterher.

9. Kapitel

Auf dem breiten Fluss lag die Abendsonne und verwandelte träges Wasser in flüssiges Gold.

Oma Zäck und Teresa saßen auf dem struppigen Gras des Deichs und aßen schweigend Erdbeeren. Als sich Trudi neben Teresa setzte, hielt Oma Zäck ihr die verbeulte Blechschüssel mit den Erdbeeren hin. Trudi nahm sich die größte.

„Wenn ihr mir versprecht, niemals alleine dahin zu gehen, zeige ich euch unsere geheime Badestelle", sagte sie. „Die kennen nur Opa, euer Papa und ich." Die Mädchen warfen sich einen bedeutungsvollen Blick zu und Trudi rollte mit den Augen. Oma Zäck erhob sich. „Und natürlich der olle Erich", fügte sie hinzu. Erich war schon vorgelaufen. Oma nickte und folgte Erich den Deich hinunter ins hohe Schilf. „Flüsse sind launisch, und so auch unsere Oder", erzählte sie den Mädchen, die ihr mit ein paar Schritten Abstand folgten. „Mal flach, mal tief. Man muss genau hingucken. Und wenn man nicht aufpasst, trägt einen die Strömung rauf bis an die Ostsee und von dort in alle sieben Weltmeere."

Als sie aus dem Schilf traten, lag vor ihnen eine kleine, schattige Bucht mit kiesigem Grund. Unter ein paar Weiden am Ufer dümpelten mehrere alte Fischerkähne. Es sah nicht danach aus, dass hier jemals ein Kind gespielt hatte. *Also ich würde erst mal ein Seil an einen der dicken Weidenäste binden. Damit man sich daran ins Wasser schwingen kann,* dachte Trudi. *Papa hätte das als Kind garantiert auch gemacht. Wenn er hier gelebt hätte.*

Das Flusswasser war kühl. Kleine Fische flitzten umher. Trudi blickte hinüber auf die andere Flussseite. „Morgen", sagte sie und drehte sich zu Oma Zäck um, „morgen fahren wir doch noch mal rüber auf den Markt, oder?"

Oma Zäck nickte und spülte die Schüssel aus. „Versprochen."

Als sie zum Haus zurückkamen, fummelte Opa draußen an seinem Trabi herum und fluchte vor sich hin. Oma winkte die Kinder rasch in die Küche. „Dem mach ich zum Abendbrot wohl besser Schnittchen für die Werkstatt."

Sie gingen ins Haus. Die Mädchen halfen beim Stullenschmieren. „Hier, bringt das eurem Opa raus." Oma Zäck reichte Teresa einen Berg mit Wurststullen. „Wenn der erst mal zu schrauben anfängt, ist er vor Mitternacht nicht im Bett."

„Könnten wir vielleicht auch Schnittchen für oben haben?", fragte Teresa und Trudi nickte eifrig. „Wir sind ganz schön müde."

Oma Zäck guckte ein wenig erstaunt, meinte dann aber: „Na gut, dann mach ich euch auch ein Tablett zurecht. Das müsst ihr dann aber auch selber hoch- und runterbringen."

„Klaro!" Trudi kniff ihre Schwester in die Seite.

Sie brachten Opa Zäck den Stullenteller und eine Flasche Bier nach draußen und stellten beides schnell auf den Kofferraum des Trabis. Opa lag unter dem Auto und brummte vor sich hin. Es war so eine Art Singsang und hätte auch fast ein Lied sein können, bei dem sich allerdings die erste Zeile immer wiederholte. Irgendwas mit *country roads take me home*. Als die beiden Mädchen in die Küche zurückkamen, war ihr Tablett schon fertig. Oma Zäck hatte es vor die Durchreiche gestellt. „Dann braucht ihr es nicht ums Haus zu tragen", sagte sie, strich ihnen übers Haar und griff nach dem Komposteimer. „Ich bring jetzt mal die Hühner in den Stall, bevor Reineke und Isegrim um die Ecke schleichen. Schlaft schön, ihr beiden!" Die Mädchen sahen zu, wie sie über den Hof Richtung Stallgebäude verschwand. Plötzlich war es sehr still in der hell erleuchteten Küche.

„Das ist jetzt nicht ihr Ernst, oder?“, sagte Teresa. „Sie hat uns doch noch gar nicht das Haus von innen gezeigt.“ Die beiden starrten auf die Durchreiche, die nichts als ein finsteres, schwarzes Loch war. Trudi dachte an Papas Plumpsklo. *Hier gibt’s überall schwarze Löcher.*

„Wir wissen ja nicht mal, wo das Esszimmer ist“, sagte sie und schnappte sich eine Wurststulle. „Und wer sollen bitte dieser Reineke und dieser Isegrim sein? Sind das die Nachbarn, oder wie?“

Teresa sah sie streng an. Sie hatte ihren Schuldirektorinnenblick aufgesetzt und antwortete: „Hast du in der Schule nicht aufgepasst? Fabeln und so? Mann, Reineke ist der Fuchs und Isegrim der Wolf.“

„Fabeln hatten wir aber noch gar nicht. Das ist dritte Klasse“, fauchte Trudi und setzte dann etwas kleinlaut hinzu: „Gibt’s hier wirklich Wölfe?“ Teresa nickte. Trudi schluckte und dachte an Rotkäppchen.

Ihre Schwester griff nach dem Tablett. „Komm, wir gehen außen rum.“

Sie stolperten im Dunkeln ums Haus. Dunst zog vom Fluss her über den Deich. Wo sie vorhin noch Johannisbeersträucher und Erdbeerstauden gesehen hatten, erhellte das milchige Dämmerlicht jetzt einen Garten voller Schatten. Sie spürten die Abendkälte unter ihren Fußsohlen und die Stille um sie herum. *Bloß schnell wieder rein!*

Die Rückseite des alten Fischerhauses lag bleich im Mondschein. Nirgendwo brannte Licht. Ein schwarzer Schatten glitt über die Fassade. Die Mädchen erstarrten.

„Was ist das?", flüsterte Trudi.

Der schwarze Schatten schien sich langsam aufzurichten. Wie in Zeitlupe wuchs er, lautlos kam er gradewegs auf sie zu. *Zurück in die Küche?*, schoss es Trudi durch den Kopf. Doch sie war wie gelähmt und konnte sich nicht rühren. Teresa schien es ähnlich zu gehen. Der Stullenteller und die Teetassen auf dem Tablett klirrten leise. Das Schattenmonster gähnte. Es witterte, schmatzte. *Gleich verschlingt es uns,* schoss es Trudi durch den Kopf, als das Ding langsam immer mehr mit ihrem eigenen Schatten verschmolz. Plötzlich spürte sie struppiges Fell an ihrem Bein und unterdrückte einen Schrei: Gleich würde es zubeißen! Doch dann merkte sie, wie eine feuchte Schnauze vorsichtig versuchte, ihr die angebissene Wurststulle aus der Hand zu ziehen.

„Erich!", schrie sie.

„Mann, hast du uns erschreckt."

Obwohl die Mädchen aufatmeten, waren sie irgendwie doch nur halb beruhigt. Trudi fasste Erich am Halsband. „Komm."

Die Haustür war nur angelehnt, der Flur stockdunkel. Trudi schob Erich zuerst ins Haus. Das tapsende Geräusch seiner Pfoten verschwand im Innern des Hauses. Die Stille blieb. Nur eine Mücke sirrte noch. Trudi sah ihre Schwester an, und als Teresa nickte, griff sie nach innen neben den Türrahmen und tastete nach dem Lichtschalter. Eine Lampe sprang flackernd an. Erich stand im Flur, als hätte er auf sie gewartet. Er wedelte und verschwand in dem Zimmer links. *Dort müsste die Wohnstube sein,* dachte Trudi, *und rechts vorne ist das Schlafzimmer. Und wohin führt die geschlossene Tür unter der Treppe? Warum haben wir uns bloß vorhin im Haus nicht alles angeschaut? Diese Troschkas haben uns einfach total abgelenkt!*

„Meinst du, diese Tür da führt ins Zimmer mit der Durchreiche?", fragte sie.

Teresa nickte. „Glaub ich. Können wir ja morgen untersuchen, wenn's hell ist."

Die Mädchen polterten rasch die steile Treppe nach oben und verschwanden in der Dachkammer.

10. Kapitel

„Puh!“, seufzte Teresa erleichtert, als Trudi die Tür der Dachkammer hinter ihnen schloss.

Auf der Fensterbank standen die vier Troschkas, und zwar genauso, wie sie sie verlassen hatten. Trudi nickte Teresa zu, die beiden stellten sich nebeneinander und blickten in den Türspiegel. Die Troschkas guckten erwartungsvoll und waren sehr erfreut über ihre Rückkehr. Trudi fiel auf, dass der Schal, an dem die Piroschka strickte, deutlich an Länge zugenommen hatte.

„Und?“, fragte die Klawotschka. „Habt ihr Tonja gefunden?“

„Wie denn?“, sagte Trudi und war plötzlich ein bisschen sauer. *Was stellen diese Holzköpfe sich vor?*

„Hier auf dem Hof kann sie ja wohl kaum sein. Oma Zäck hat uns versprochen, dass wir morgen noch mal auf den Markt fahren. Wenn, dann muss sie ja da sein, oder?“

„Aber ...“, fuhr die Klawotschka fort.

„Zu Tisch!“, unterbrach Teresa sie. Eigentlich mehr so zum Spaß und um die Troschkas abzulenken – es gab ja in der Dachkammer gar keinen Tisch. Aber was wollten sie eigentlich: Der Fellmützenmann war ja nicht mehr auf dem Markt gewesen, sondern sonst wo. Sie konnten im Augenblick also gar nichts anderes tun, als bis zum nächsten Tag zu warten. *Und das muss diesen Klappertrinen ja wohl auch klar sein,* dachte Trudi und sah ihre Schwester an. *Die können überhaupt froh sein, dass sie zu jemandem wie uns gekommen sind und jetzt nicht irgendwo als Wohnzimmerdekoration neben einem Kaktus oder Alpenveilchen stehen müssen.*

Anuschka und Piroschka schienen das auch so zu sehen, denn in Windeseile richteten die beiden die Tagesdecke, sodass Teresa das Tablett auf das Bett schieben konnte. Die strenge Klawotschka zog die letzten Fältchen glatt. Dann kletterte sie auf das Fensterbrett, zupfte ein paar Blätter vom wilden Wein und händigte jeder Troschka ein kleines Blatt aus, das alle vier sich als Serviette in den Ausschnitt stecken sollten. Ein alter Fingerhut, den die hölzernen Damen unter dem Bett gefunden hatten, diente ihnen als Teebecher.

Mit einem dünnen Ästchen teilte Piroschka eine Teewurststulle in fünf Stücke. Sie schien ganz ver-

gessen zu haben, dass sie im Augenblick nur zu viert waren. Die Troschkas ließen sich nicht groß bitten und langten zu. Die gerissene alte Galotschka schnappte sich natürlich gleich zwei Stücke. „Wenn Tonja auftaucht, könnt ihr ihr ja noch ein paar Brote schmieren“, schmatzte sie.

Trudi betrachtete die vier. „Wieso seid ihr vorhin eigentlich wieder unlebendig geworden?“, fragte sie.

„Mein Kind, das sind wir eigentlich nich’“, seufzte die Galotschka und strich sich zufrieden über ihren runden Bauch. „Nur für jemanden wie dich.“

Anuschka zwinkerte ihnen zu und sagte leise: „Der Zauber bricht, wenn jemand Fremdes spricht.“

Die Mädchen guckten verwundert.

„Fremd ist einer“, erklärte die Piroschka freundlich, „der uns noch nicht im Spiegel begegnet ist. Einfach jemand, der die umgekehrte Welt nicht kennt.“

Wie zum Beweis hörten sie Oma Zäcks schwere Schritte auf der Treppe. „Passt gut auf, Mädels, ihr werdet's gleich sehen", lächelte die Piroschka. Wenig später quietschte die Tür.

„Schlaft ihr schon?", fragte Oma Zäck.

Die vier Troschkas erstarrten, als hätte man sie von einer Sekunde zur anderen schockgefroren. Oma Zäck schien es nicht zu bemerken.

„Ich wollte noch mal nach euch schauen. Ihr habt es aber gemütlich hier. Und eure Püppies dürfen sogar mitessen", stellte sie fest, wurschtelte ein zerknülltes Taschentuch aus ihrem Ärmel und wischte der Klawotschka ein paar Teewurstreste aus dem Gesicht. Die Mädchen kicherten.

„Macht aber nicht mehr so lange, ihr wart doch vorhin schon so müde." Und damit ging sie wieder.

Die Klawotschka platzte fast. „Püppies! Was fällt dieser Frau eigentlich ein? Mich wie ein Wickelkind zu behandeln!" Sie fuhr sich mit einer Ecke ihrer Schürze über das Gesicht, als wollte sie damit das Gewische von Oma Zäck abwischen. „Und wie grob sie ist!"

Piroschka schöpfte Tee aus Trudis Tasse und reichte ihn der Klawotschka. „Nun reg dich mal nicht so auf, Schwesterlein."

„Ist eure umgekehrte Welt eigentlich überall?", fragte Teresa. „Oder nur hier?"

„Du hast doch sicher schon mal mit einem Kuscheltier gesprochen? Oder deiner Lieblingspuppe?“, fragte die Piroschka sie.

„Jaaa …“, meinte Teresa etwas verwundert. „Mit meinem Plüschbären. Früher, als ich kleiner war.“

„Und, hat er geantwortet? Ganz ehrlich?“

Teresa wurde rot und nickte.

„Na, also“, mischte sich die Klawotschka ein. „Die umgekehrte Welt kennt jeder. Man muss sie nur wollen.“

„Seid ihr eigentlich so was wie Zombies?“, unterbrach Trudi sie und konnte dabei ein Gähnen kaum unterdrücken. *Zombie* war derzeit eines ihrer Lieblingswörter. Die vier Troschkas fanden das gar nicht lustig.

„Ist das zu glauben“, schimpfte die Klawotschka. „Wir sind doch keine Untoten!“

„In euren Augen sind wir vielleicht Gestalten von wechselnder Lebendigkeit“, versuchte Anuschka zu erklären, „doch …“

„Immer bereit“, mischte sich die Galotschka ein, „wenn ihr es wollt, zu jeder Zeit. Wir waren noch nie tot.“

11. Kapitel

Am nächsten Morgen erwachten Trudi und Teresa von Benzingestank und Motorengeknatter. Die Sonne schien durchs Fenster, blauer Himmel, Schäfchenwolken.

„Puhh, das ist ja hier schlimmer als im Stau auf der Stadtautobahn“, schnaubte Teresa.

„Schnell, wir müssen uns beeilen! Bestimmt wollen die gleich auf den Markt“, rief Trudi und setzte sich auf. „Mann, bist du hart!“ Anuschka lächelte entschuldigend. Im Bett zwischen Teresa und Trudi lagen die vier Troschkas, gemütlich nebeneinander auf Trudis Kopfkissen, die Decke bis unter die Knoten ihrer Kopftücher gezogen. Die Nacht war für Trudi und Teresa ungewohnt unruhig gewesen. Das fremde Zimmer, aber vor allem die Troschkas. Die schnarchten entsetzlich. Sie sägten geradezu. *Wahrscheinlich Riesenbirken in russischen Wäldern,* dachte Trudi. *Heute Abend sollten wir sie vor dem*

Schlafen unbedingt noch mal durch Oma entzaubern lassen. Vielleicht schnarchen sie dann nicht mehr.

Die Mädchen zogen sich in Windeseile an, und die Galotschka kommandierte: „*Dawaj, dawaj!* Die ganze Truppe, rin in die Puppe!"

Sie kippte ächzend Klawotschkas Oberteil zur Seite und schlüpfte hinein. Die anderen taten es ihr gleich.

„Fertig!", rief Anuschka nur wenige Augenblicke später.

Trudi steckte die Matroschka wieder in die Vordertasche ihres Kleides und sie liefen nach unten. Im hellen Morgenlicht hatte der Hausflur all seine Düsternis vom Abend zuvor verloren. Auch der Garten sah wieder aus wie ein Garten.

„Ihr seid ja schon wach, Mädels!" Oma Zäck stand hinter dem Trabi, eingehüllt in eine Abgaswolke, und versuchte zu schieben. Opa saß im Wagen und trat das Gaspedal voll durch. Wenn Oma Zäck nicht schob, bewegte sich das Auto keinen Millimeter.

„Papas Auto klingt irgendwie ganz anders", sagte Trudi. Opa Zäck warf ihr einen vernichtenden Blick zu.

„Dicke Luft hier, kommt lieber mit rein", hustete Oma und schob die Mädchen in die Küche. „In zehn Minuten gibt's Frühstück", rief sie ihrem Mann zu.

Sie goss sich einen Kaffee ein und sah aus dem Fenster. „Er ist eben kein Automechaniker, sondern Fischer“, seufzte sie.

„Dann sind das Opas Boote unten am Fluss?“, fragte Teresa.

Oma nickte. „Opa war der beste Fischer weit und breit.“ Sie kramte in einer der Schubladen des Küchenschranks und zog ein Foto hervor. Das alte Schwarz-Weiß-Bild zeigte – noch mit vollem Haar, aber unverkennbar – Opa Zäck und weitere drei Männer, die einen riesigen, schlangenartigen Fisch mit langen Schnurrhaaren hielten.

„Gruselig“, sagte Teresa und schüttelte sich.

„Sieht ja aus wie ein Drache“, meinte Trudi.

„Ein zwei Meter achtzig langer Wels, den hat er 1985 in der Oder gefangen. Das war damals eine richtige Sensation! Der ist dann sogar angeblich beim Staatsratsvorsitzenden Honecker auf dem Teller gelandet. Hat man uns jedenfalls erzählt. Kommt, wir fangen an. Wer weiß, wann der alte Schrauber reinkommt.“ Oma setzte sich und griff nach dem Marmeladenglas.

„Opa war also Angler“, stellte Trudi fest.

„Oh nein, sag das bloß nicht zu ihm. Er war Fischer“, sagte Oma. „Nach der Wende hatte er einen gut gehenden Fischereibetrieb hier im Dorf aufgebaut. Den sollte eigentlich euer Vater weiterführen. Aber der wollte nicht. Und deshalb –“ Oma Zäck hielt inne. Von draußen war ein übles Röcheln zu hören, ein Gurgeln, danach Stille. Kurz darauf stapfte Opa in die Küche. Ohne ein Wort setzte er sich mit seinen ölverschmierten Händen an den Tisch und griff wütend nach der Kaffeetasse. „Also Gerhard, nun wirklich“, schimpfte Oma Zäck. „Wasch dir die Finger! Was sollen denn die Kinder denken?“

„Er läuft nicht“, antwortete Gerhard.

„Wir brauchen das Auto heute“, sagte Oma Zäck streng. „Spätestens heute Mittag. Deine Zuckertabletten sind alle und Kaffee haben wir auch keinen mehr. Und außerdem habe ich Edeltraut versprochen, ihre Katze zu füttern, weil sie bis Montag weg ist.“

„Er läuft nicht“, knurrte Gerhard.

„Heißt das, dass ich dann den ganzen Weg bis zur Apotheke und zu Edeltraut mit dem Fahrrad fahren muss?“, knurrte Oma zurück.

„Aber wir wollten doch auch noch rüber auf den Markt“, rief Trudi aufgeregt dazwischen, „wegen der Matroschka. Du hast es mir versprochen!“

Opa schwieg.

„Du siehst doch, mein Kind, dass es nicht geht“, seufzte Oma. „Vielleicht kriegt Opa das Auto ja bis morgen wieder flott.“

„Aber morgen kann es schon zu spät sein", jammerte Trudi.

„Ich kann auch nicht mehr als arbeiten", schimpfte Opa Zäck, knallte seinen Kaffeebecher auf den Tisch und ging wieder nach draußen.

Trudi fing an zu weinen.

„Können wir nicht mit Fahrrädern zum Markt fahren?", fragte Teresa.

„Wir haben nur ein Rad", sagte Oma Zäck. „Und Opas Zuckertabletten sind wichtig. Das versteht ihr doch, oder? Und ich kann auch Edeltrauts Katze nicht verhungern lassen."

„Und was ist mit einem Taxi?", fragte Trudi. „Können wir uns nicht ein Taxi rufen?"

Die Oma lächelte. „Taxi? Meine Süße, hier gibt's doch keine Taxis!" Sie strich Trudi über den Kopf. „Opa gibt sich ja die größte Mühe und bisher hat er die alte Kiste immer wieder hingekriegt. Ich verspreche dir, du kriegst bei nächster Gelegenheit eine ganz neue Matroschka von mir und zwar eine vollständige. Da passen wir dann gleich genau auf."

Oma kapiert nichts, dachte Trudi wütend und rannte aus der Küche, *gar nichts.* Sie lief durch den Garten, den Deich hinauf. Setzte sich dahin, wo sie auch schon gestern Abend gesessen und Erdbeeren gegessen hatten.

Die Troschkas machten keinen Mucks.

Nach einer Ewigkeit kam Teresa und setzte sich neben sie.

„Oma ist gerade mit dem Fahrrad losgefahren, sie hat in der Apotheke angerufen: Wahrscheinlich ist sie erst spät zurück, weil Opas Zuckertabletten bestellt werden mussten und nachmittags erst geliefert werden. Außerdem ist der Weg zu dieser Edeltraut wohl ganz schön weit, genau in der anderen Richtung. Aber Opa liegt schon die ganze Zeit unter dem Auto. Vielleicht schafft er es ja heute doch noch und dann fahren wir eben allein mit ihm nach drüben auf den Markt. Oma hat ja gesagt, dass er es bisher immer wieder geschafft hat, den alten Trabi zu reparieren."

„Mir doch egal."

12. Kapitel

Hast du deinen kleinen Klettspiegel dabei?“, fragte Teresa und betrachtete die stumme Anuschka in der Vordertasche von Trudis Kleid. „Damit wir die Troschkas wieder lebendig kriegen?“

„Nein“, meinte Trudi.

„Dann lass uns zum Haus zurückgehen, die Troschkas lebendig machen und gucken, ob Opa das Auto inzwischen wieder flottgekriegt hat.“

„Und wenn nicht?“

„Dann müssen wir uns eben was anderes überlegen, wie wir dahin kommen“, sagte Teresa und erhob sich. „Vielleicht fällt den Troschkas ja auch was ein.“

„Ich hab da eine Idee“, sagte Trudi und stand auf. „Wenn die ihr Versprechen nicht halten, brauchen wir das nämlich schon lange nicht.“

Sie rannte den Deich hinunter und verschwand im Schilf. Teresa folgte ihr.

Als sie ihre Schwester eingeholt hatte, sagte Trudi: „Wir nehmen einfach eines der Boote und rudern über den Fluss rüber zum Markt."

Trudis und Teresa Ruderkünste beschränkten sich auf eine Schlauchbootfahrt zusammen mit ihrem Vater auf einem Baggersee im letzten Sommer.

Auf der anderen Flussseite grasten polnische Kühe. Kein Mensch weit und breit, kein Haus und schon gar kein Markt. Nur Wiesen.

Die Boote am Ufer waren schwer und aus Holz. „Was ist das hier bloß für eine Wirtschaft!", schimpfte Trudi. „Die haben ja nicht mal Ruder! Und dicht sind die Dinger auch nicht!" Sie starrte wütend in das dunkle, brackige Wasser, das knöcheltief in den Booten stand.

„Nur nicht aufregen", hörte sie plötzlich Anuschkas sanfte Stimme. Da erst fiel es ihr auf, dass sie sich im Wasser spiegelte. Dass sie eigentlich schon die ganze Zeit mit ihrem Spiegelbild gesprochen hatte. Und mit der Matroschka, die ja wie gestern in der Vordertasche ihres Kleides steckte.

„Im Wasser geht es also auch!", entfuhr es ihr.

„Durch alles, was sich spiegelt eben", nickte Anuschka fröhlich, „erweckt ihr uns in eurem Leben."

Ihr Oberkörper hob sich einen Spaltbreit und die Piroschka lugte augenzwinkernd hervor.

„Denn jegliche Spiegelung mit dir und mir macht aus euch und uns – ein Wir“, sang Anuschka.

Die Troschkas kletterten gut gelaunt auseinander heraus, stellten sich an den Rand des Hecks und blickten in das dunkle Nass des Bootes, das sich für sie wie ein See mitten im Fluss auftat.

Teresa lehnte sich ans Boot und meinte: „Bevor wir anfangen sie zu suchen, sollten wir vielleicht erst mal klären, seit wann eure Schwester eigentlich verschwunden ist.“

Die vier sahen sie erstaunt an.

„Ihr müsst uns schon alles ein bisschen genauer erklären“, meinte Trudi mit detektivischer Strenge. „Wie ist es eigentlich passiert?“

Die Troschkas erröteten.

„Sie ... sie ist einfach so verloren gegangen“, stotterte die Klawotschka. „Auf dem Markt.“

„Und wann jetzt?“

„Es war am Tag“, meinte die Piroschka.

Trudi und Teresa sahen sich an. Trudi musterte die vier hölzernen Damen kritisch. „Versteht ihr eigentlich, was wir zueinander sagen, wenn ihr nicht lebendig seid?“, fragte sie.

Die Troschkas tuschelten miteinander und nickten zögernd.

„Es ist dann aber eher wie ein Rauschen in den Bäumen“, erklärte Anuschka, „und wir müssen uns dabei gut konzentrieren. Ich kann noch am besten hören. Innen drin in uns wird es immer leiser."

„Ja, ja", knurrte die Galotschka, „wir verstehen sogar manchmal nicht, was die äußeren Damen da miteinander tuscheln!"

„Eure Schwester ist also seit gestern verschwunden?", fasste Teresa zusammen. „Auf dem Markt?"

Die Troschkas nickten.

„Direkt vom Stand des Fellmützenverkäufers?"

Sie nickten wieder.

„Muss man euch alles aus der Nase ziehen?", fragte Trudi.

Die Troschkas schwiegen und guckten beleidigt.

„Wenn sie da irgendwie runtergefallen ist", stellte Teresa fest, „dann hat der Fellmützenmann sie bestimmt gefunden, als er seinen Stand abgebaut hat."

„Aber da waren wir ja schon weg, in der Imbissbude! Auch wenn der Fellmützenmann ziemlich komisch war, hat er sie doch bestimmt nicht weggeworfen", setzte Trudi fort. „Wir müssen unbedingt heute noch auf den Markt!"

„Als Erstes müssen wir mal einen Eimer oder eine Schüssel holen, um das Wasser aus dem Boot zu schöpfen", meinte Teresa.

Trudi lächelte. „Ich hätte da einen Vorschlag“, sagte sie und zeigte auf die Troschkas. „Die sind doch innen ...“

„Mein liebes Fräulein, wir lassen uns hier nicht wie Schöpfkellen behandeln, nur weil du zu faul bist, einen Eimer zu holen!“, kreischte die Klawotschka.

„Mann, seid ihr umständlich!“, maulte Trudi.

Teresa tippte ihrer Schwester auf die Schulter. „Ohne Ruder nützen uns die Boote sowieso nichts. Und – ich weiß auch gar nicht, ob wir die ganz alleine ins Wasser geschoben kriegen. Guck –“

Sie lehnte sich mit ihrem ganzen Gewicht an das Boot, das am weitesten im Wasser lag.

Steckt wahrscheinlich im Modder fest, dachte Trudi.

„Also“, meinte Teresa, „gehen wir jetzt zum Haus zurück, holen was zum Schöpfen und gucken im Schuppen nach Rudern.“

Die Troschkas folgten ihnen im Gänsemarsch.

Als sie die Deichkrone erreicht hatten, hörten sie vom Hof her wieder rhythmisches Motorengeknatter. „Hört sich gut an!“, rief Trudi hoffnungsvoll und rannte los.

Die anderen folgten ihr. Erich lag trotz des Lärms mitten auf dem Hof, den Kopf zwischen den Pfoten, und machte ein besorgtes Hundegesicht.

„Können wir losfahren?“, rief Trudi.

„Wohin?“, fauchte der Großvater, als mit einem Gurgeln der Motor erneut absoff. Er stieg aus dem Auto, stolperte, bekam aber im letzten Augenblick noch die offene Autotür zu fassen.

„Warum müsst ihr euer blödes Spielzeug gerade hier herumliegen lassen?“, fluchte er und gab der Galotschka einen wütenden Tritt, sodass sie in hohem Bogen über den Hof flog.

Die Mädchen waren fassunglos.

Trudi fand als Erste ihre Worte wieder: „Und warum holst du dir nicht jemanden, der wirklich Autos reparieren kann?“, schrie sie, und noch während ihr die Tränen in die Augen schossen, sah sie sich suchend nach der Galotschka um. „Du kannst doch gar keine Autos reparieren. Du bist ja bloß ein Angler!“

Jetzt brüllte auch Opa Zäck: „Jetzt will ich dir mal was sagen, mein Fräulein! Wenn dein werter Herr Vater hier damals unseren schönen Betrieb übernommen hätte, wäre ich jetzt kein armer Rentner mit Mindestrente, sondern könnte mir ohne Probleme einen neuen Wagen leisten! Aber dein feiner Herr Vater wollte ja nicht! Der musste unbedingt weg in die Stadt! Und wir? Wir konnten zusehen, wie hier alles den Bach runterging!“

„Er wollte eben nicht so werden wie du!“

Opa Zäck stapfte über den Hof und verschwand türenknallend im Schuppen.

„Ich will nach Hause", heulte Trudi.

„Aus, Erich!", schrie Teresa und kniete neben Galotschka, die einem erstaunt schnüffelnden Erich vor die Füße gerollt war.

„Ist sie kaputt?", schniefte Trudi.

„Schnell", rief Teresa, „hol den Klettspiegel!"

13. Kapitel

Galotschka hielt sich den Kopf und jammerte. „Ojiojiojiojioji."

„Nun seht euch das an!", schimpfte Klawotschka. „Was für ein Grobian!"

Galotschka war bleich wie unbehandeltes Holz nach zu viel Sonne und hatte ein Veilchen vom feinsten: Das linke Auge war blau, die Wange verschwollen. Teresa pustete und befühlte sie vorsichtig. „Ich glaub, es ist nichts gebrochen."

„Als Kleinste bin ich ja glücklicherweise aus Vollholz", ächzte Galotschka.

Sie verzogen sich in den Schatten der Apfelbäume außer Sichtweite von Opa und seinem Trabi. Für Galotschka bereiteten sie ein weiches Grasbett und bedeckten ihre geschwollene Wange mit kühlenden Spitzwegerichblättern. Oma Zäck hatte ihnen gezeigt, dass man das bei Mückenstichen so macht. „Hilft hierfür bestimmt auch", tröstete Teresa.

„Diesen blöden Angler da können wir voll vergessen," verkündete Trudi und wischte sich den Rotz in ihren Ärmel. Sie warf einen verächtlichen Blick Richtung Werkstatt. „Wir müssen irgendwie selber zu dem Markt kommen, um Tonjetschka zu suchen. Und wenn wir sie gefunden haben, nehmen wir den nächsten Zug nach Hause. Hier bleibe ich jedenfalls nicht."

„Aber wir haben keinen einzigen Cent mehr", sagte Teresa.

„Dann fahren wir eben schwarz. Oder wir rufen Papa und Mama an. Außerdem haben wir für den Zug doch schon die Rückfahrkarten", entgegnete Trudi. „Wir müssen nur irgendwie zum Bahnhof kommen."

Teresa sprang auf. „Stimmt. Bin gleich wieder da."

Ihre Mutter hatte ihnen für die Fahrt ihr altes Smartphone geliehen: für den Notfall. Sie ging es jetzt holen.

Als sie wieder zurück war, hielt sie den anderen das Handy hin und sagte: „Wir laufen zum Markt. Jetzt ist es zwölf. Die errechnete Streckendauer ist zwei Stunden und elf Minuten. Wir könnten es also locker bis drei Uhr schaffen. Dann ist der Markt sicher noch auf. Gestern waren wir ja auch viel später da. Der Weg ist super einfach zu finden. Man kann sich gar nicht verlaufen. Wir müssen nur auf dem Deich am Fluss entlang, bis die große Brücke kommt. Und da ist dann der Markt auf der anderen Flussseite."

Sie überlegten nicht lange. Schnell füllten die Mädchen die leere Colaflasche aus dem Zug mit kaltem Drachenhahn-Wasser, und weil Teresa auch noch eine Salami und ein ganzes Brot aus der Küche einsteckte, beschloss der olle Erich, sie zu begleiten.

Trudi war inzwischen hoch in die Dachkammer gelaufen und hatte einen ihrer Rucksäcke mit dem Nötigsten gepackt: ihre neuen Taschenmesser, die beiden Plüschtiere, Socken, Pullover, den Klettspiegel und die Rückfahrkarten für den Zug. *Die restlichen Sachen können die uns ja nachschicken,* dachte Trudi, *den anderen Rucksack brauchen wir für Proviant.*

Der olle Erich trottete hinter ihnen her. Über die lebendigen Troschkas schien er sich nicht weiter zu wundern. *Er wird schon von alleine zurückgehen, wenn er keine Lust mehr hat,* dachte Trudi und freute sich insgeheim, dass auch der olle Erich offensichtlich lieber bei ihnen war als bei Opa Zäck. „Notfalls nehmen wir ihn mit nach Hause", sagte sie zu Teresa. „Du wolltest doch schon immer einen Hund. Und in Papas Auto passt er garantiert rein."

Sie liefen den Deich hinauf.

„Aber Oma Zäck fand ich wirklich ganz nett", meinte Teresa.

Trudi nickte. „Hmm. Vielleicht hätten wir ihr noch einen Brief schreiben sollen."

Die Mädchen betrachteten nachdenklich die Troschkas, die aufgeregt miteinander schnatterten. Sie konnten ununterbrochen reden und mussten alles stundenlang miteinander diskutieren.

„Wir können ihr ja eine SMS schicken. Die Nummer ist in Mamas Handy gespeichert", sagte sie. „Oh, hier ist gar kein Netz. Dann machen wir's nachher. Lass uns lieber endlich losgehen. Den Weg hab ich im Kopf."

Sie warfen einen letzten Blick zurück zum alten Fischerhaus, wie es da so mitten im Garten friedlich träumend in der Sonne lag.

„Es sieht echt gemütlich aus, so aus der Ferne", meinte Teresa.

„Wenn Papa da wirklich gewohnt haben soll, wo war dann eigentlich sein Zimmer?", fragte Trudi.

„Vielleicht die Dachkammer?", meinte Teresa.

„Da ist noch nicht mal ein Ofen drin", meinte Trudi. „Aber eigentlich ist es ja auch egal. Wir sind jedenfalls weg hier."

14. Kapitel

Trotz ihrer kleinen Schritte waren die Troschkas erstaunlich flink. Selbst die lädierte Galotschka trippelte wieder munter voran. Trudi hatte angeboten, sie in der Vordertasche ihres Kleides zu transportieren, doch sie wollte zusammen mit ihren Schwestern laufen, jedenfalls erst mal. Teresa betrachtete die hölzernen Damen und schüttelte den Kopf. Sie konnte es immer noch nicht so recht glauben, was hier passierte. „Wenn du das jemandem erzählst, denkt jeder, dass du spinnst."

„Das ist eben eine Parallelwelt", erklärte ihr Trudi, obwohl sie das Wort kaum aussprechen konnte. „So ist das eben. Wir haben eine neue Di-men-sion entdeckt." Sie machte ein ernstes Gesicht. „Und mit der müssen wir jetzt leben."

Teresa sah ihre kleine Schwester fast bewundernd an. „Meinst du etwa, das ist so was wie die fünfte Dimension?", flüsterte sie.

Da Trudi nicht so genau wusste, was die anderen vier Dimensionen waren, wurde sie rot und fragte rasch: „Hast du wieder Netz? Wie weit ist es noch?"

Teresa guckte erstaunt. „Äh, ja – noch zwei Stunden und drei Minuten."

Vor ihnen flirrte der Deich mit dem trockenen Sommergras in der Mittagshitze. Eine endlose Riesenschlange, die sich durch die Bruchlandschaft zog. Neben dem Deich verlief ein schmaler Asphaltweg. Kleinere Tümpel hier und da glitzerten mit dem Fluss um die Wette. Auf den Weiden grasten Kühe und Pferde.

„Wenn wir doch auch bloß ein Pferd hätten", seufzte Trudi. „Wann machen wir eine Pause?"

„Frühestens in einer halben Stunde", sagte Teresa.

„Immer musst du alles bestimmen", knurrte Trudi.

„Aber sonst schaffen wir es nicht rechtzeitig", fauchte ihre Schwester und hielt ihr das Handy unter die Nase.

„Pff", machte Trudi und wollte nicht zugeben, dass sie sich mit den Uhrzeiten noch nicht *so* genau auskannte.

Sie liefen und liefen. Die Sonne brannte. Oben auf dem Deich gab es keinen Schatten. Am Amazonas konnte es kaum brütender sein. *Aber da haben sie wenigstens Tropenhüte und Safarihemden.* Den Troschkas schien die Hitze nichts auszumachen, aber der olle Erich hechelte und japste. Als er es schließlich gar nicht mehr aushalten konnte, blieb er stehen und sah sie fragend an. Dann drehte er sich um und lief hinunter zur Oder.

„Wollen wir nicht auch ein klitzekleines Fußbad nehmen?“, meinte Trudi sehnsüchtig. „Danach sind wir doch wieder viel fitter!“

Teresa sah auf das Handy und nickte ergeben. „Warte auf uns, Erich!“, rief sie dem Hund hinterher.

„Los, wir lassen uns hinunterrollen!“, rief Trudi. Die Mädchen legten sich auf die Seite und kullerten den Deich hinunter. Die Troschkas waren begeistert. „Genau das Richtige für unsere Figur!“, meinte Piroschka und legte sich auf die Seite. „Auf geht's!“

Anders als die Mädchen kriegten die Troschkas eine Mordsgeschwindigkeit am Hang und bei jeder Unebenheit hüpften sie wie Flummis in die Höhe.

„Jippieh!“, kreischte Piroschka.

„Erster!“, schrie Klawotschka, als ihr Trudi wie ein altersschwaches Nilpferd am Fuße des Deiches entgegen gerollt kam.

„Warum liegen hier denn eigentlich so viele umgestürzte Bäume?“, wunderte sich Trudi, als sie sich aufrichtete.

„Truuuudi! Teresaaa!“, hörte sie ein feines Stimmchen rufen. Galotschka stand auf der Mitte des Deichabhangs und wedelte mit ihrem Kopftuch. Da sie sich von ihren Prellungen noch nicht ganz erholt hatte, war sie, statt sich hinunter zu kugeln, nur langsam den Deich auf einem weggeworfenen Bonbonpapier hinuntergerutscht.

„Hierher Leute! Kommt schnell!“, rief sie. „Aber kriegt keinen Schreck! Jetzt ist auch noch unsere Anuschka weg!“

„Das kann doch nicht sein!“, schrie Piroschka.

„Nicht noch eine,“ stöhnte Trudi.

Vor ihnen gähnte ein dunkles Loch im Deichboden.

„Ich glaub’, sie steckt da drinnen“, meinte Galotschka. „Auf einmal war sie wie vom Erdboden verschluckt!“

„Biber“, sagte Teresa fachmännisch und zeigte auf die wie Riesenbleistifte abgenagten Baumstämme am Ufer. Holzspäne lagen auf einem Trampelpfad, der von den Bäumen bis an das Erdloch führte.

„Oh, wie süß!“, rief Trudi. Ihre Freundin Ava hatte einen Kuschelbiber und der war total niedlich.

„Süß?“, kreischte Klawotschka und ihre Stimme überschlug sich. „Bist du gescheit? Anuschka ist eine Holzpuppe! Aus Birke!“

15. Kapitel

Anuschka!“, riefen die Mädchen.

„Anuschka!“, schrien auch die drei letzten Troschkas, die sich jetzt am Tunneleingang herumdrückten.

„Hört ihr was?“, fragte Teresa.

„Pssst, leise“, meinte Trudi.

Ein feines Stimmchen war zu hören: „So helft mir doch! So helft mir doch! Ich stecke fest in einem finstren Loch!“

„Warte“, sagte Teresa und kramte das Handy hervor, „da ist doch eine Taschenlampe dran!“ Sie leuchtete in den schräg in die Tiefe führenden Gang. Außer Rindenschnipsel auf dem Boden und Wurzelresten, die von der Decke hingen, war nichts zu sehen. Sie tastete vorsichtig mit dem Arm hinein. „Der Gang macht wahrscheinlich einen Knick nach unten, darum kann ich das Ende nicht fühlen.“ Sie sah die drei Troschkas an. „Eine von euch muss hineingehen und gucken, wo genau Anuschka feststeckt."

Die drei Schwestern sahen sich unschlüssig an.

„Will denn keine von euch ihre Schwester retten?", fragte Trudi erstaunt. Sofort meldeten sich alle drei.

„Eine reicht", meinte Teresa.

„Nee, nee." Galotschka klopfte an das Oberteil von Klawotschka. „Mach mal auf", sagte sie. „Alle für eine und alle in eine!"

„Wir lassen hier doch keine alleine", fügte Klawotschka hinzu und verschwand im Innern von Piroschka.

„Und dann mach ich mich wohl mal auf die Beine," seufzte Piroschka. Mit tapferem Gesicht betrat sie das große, dunkle Biberloch.

„Halt! Komm zurück!", rief Trudi. „Du brauchst eine Leine!"

Sie knüpfte ihre Schuhe auf und zog die Schnürsenkel heraus. „Wir brauchen auch deine", sagte sie zu Teresa. Sie knoteten zuerst die Schnürsenkel aneinander und dann Piroschka um den Bauch.

„Ich leuchte dir", sagte Teresa und hielt das Handy in den dunklen Gang. Trudi nahm das Ende der zusammengebundenen Schnürsenkel. Im Licht der Lampe schritt Piroschka voran und folgte ihrem riesigen dunklen Schatten hinein in die Tiefe des Deiches.

„Die Biber machen ja mit ihren Tunneln den ganzen Deich kaputt“, stellte Trudi fest, „bei Flut kann hier ja prima das Wasser reinlaufen!“

„Stimmt“, antwortete Teresa, „wahrscheinlich müsste man den Tunnel eigentlich besser wieder zuschippen.“

Piroschka war stehen geblieben. Sie schien nach unten zu blicken.

„Kannst du Anuschka sehen?“, rief Trudi.

„Hier geht es ziemlich steil runter“, antwortete Piroschka. „Da unten! Ich seh sie! Ich seh sie! Aber eure Strippe, Mädels, die reicht nie!“

„Dann müssen wir wohl graben“, stellte Teresa fest. Sie versuchten, das Eingangsloch zu vergrößern, damit sie weiter hineinkriechen konnten.

„Los, Erich! Mithelfen!“, kommandierte Trudi. Da der Boden aber hart war wie Beton, verlor Erich schnell die Lust. Er legte sich lieber in den Schatten einer umgestürzten Weide, um von dort den Grabungsaktivitäten der Mädchen zuzusehen. Bis ihm die Augen zufielen. Was nicht lange dauerte.

Mit Stöcken und scharfen Steinen bearbeiteten Trudi und Teresa den Rand des Tunneleingangs. Sie kamen nur mühsam voran.

„Ich kann nicht mehr“, jammerte Trudi, „meine Finger sind schon ganz wund.“

„Ich weiß gar nicht, wie wir das alles bis heute Nachmittag schaffen sollen“, meinte Teresa mit Blick auf die Uhrzeit. „Wir haben ja noch nicht mal die Hälfte des Weges hinter uns!“

„Und dieser Köter liegt nur faul in der Gegend rum und hilft uns kein bisschen!“, schimpfte Trudi mit Blick auf den ollen Erich im Schatten.

Das Handy piepte.

„Oh Scheiße“, entfuhr es Teresa. „nur noch zwei Prozent Strom! Wir müssen uns beeilen!“ Sie verlängerten Piroschkas Leine mit Erichs Halsband um ein paar Zentimeter.

„Anuschkalein, ich bin gleich bei dir!“, rief Piroschka, die kopfüber in der Tiefe hing und versuchte, Anuschkas Arme zu greifen. Die Strippe schnürte sich in ihren Bauch.

„Hoffentlich geht sie nicht auf und Klawotschka und Galotschka fallen aus ihr heraus“, flüsterte Teresa.

Trudi wurde ganz blass.

„Warum ist es denn plötzlich so dunkel hier?“, schrie Piroschka.

Das Handy war aus.

„Mist!“, fluchte Teresa. Dann rief sie: „Kommt zurück! Wir müssen uns etwas anderes überlegen!“

„Aber ihr könnt mich doch nicht hier allein lassen“, hörten sie Anuschka leise schluchzen.

„Was machen wir denn jetzt bloß?“ Die drei Troschkas standen niedergeschlagen vor dem Tunneleingang.

„Alles nur wegen Tonja“, schimpfte Klawotschka.

„Wir müssen zurück zu Opa Zäck“, meinte Teresa. „Taschenlampen und einen Spaten holen.“

„Auf keinen Fall,“ sagte Trudi und sah sich suchend um, als würde irgendwo im Gras eine Idee herumliegen.

„Schaffen wir es dann auch noch rechtzeitig zum Markt?“ Galotschka schaute die Mädchen fragend an.

Alles geht schief, dachte Trudi verzweifelt, *es geht einfach alles schief.*

„Hilfe!“, hörten sie plötzlich Anuschka verzweifelt aus der Tiefe des Deiches rufen: „Hiilfe! Unter meinen Füßen ist ein Tiiier! Und das nagt an miiir!“

16. Kapitel

Obwohl Teresa schon mit ihrem Arm bis über die Schulter im Bibertunnel hing, griff sie immer noch ins Leere. Sie konnte nicht ertasten, wohin sich der Gang ausdehnte: Ihr Arm war einfach zu kurz.

„Anuschka, hör mir zu“, rief sie und zog ihren Arm zurück, „versuch gleich meinen Fuß zu greifen und dich an meiner Socke festzuhalten!“

So weit sie konnte, schob sie ihr Bein in den Gang hinein. Es piekte und kratzte an der nackten Haut, aber sie biss die Zähne zusammen und versuchte ihr Bein durch den nicht ganz gerade verlaufenden Tunnel zu fädeln. Irgendwann konnte sie das Bein jedoch nicht weiter verdrehen.

„Es funktioniert nicht“, ächzte sie und hatte Mühe, ihr Bein wieder zurückzuziehen.

„Bleib jetzt bloß nicht auch noch mit dem Bein da drin stecken!“, schimpfte Trudi. „Ich hole diesen Zäck nicht hierher!“

„Du könntest mir ja auch mal ein bisschen helfen, statt da nur rumzuhocken!“, meckerte Teresa zurück.

„Und wie?“, motzte Trudi. „Was soll ich denn deiner Meinung nach tun?“

Sie versuchte, ihrer Schwester unter die Arme zu greifen und zu ziehen.

„Aua! Hör auf, mich zu kneifen!“, schrie Teresa. „Spinnst du?“

Blöde, fette Pute, dachte Trudi und setzte sich ins Gras.

Unter viel Gejammer schaffte es Teresa schließlich, ihr Bein wieder aus dem Tunnel zu zerren. Es war dreckig und total verschrammt. „Was machen wir jetzt?“, jammerte sie. „Doch Opa holen? *Ich* weiß jedenfalls nicht mehr weiter.“

„*Ich* schon“, verkündete Trudi und zeigte auf den ollen Erich, der in seiner ganzen zottigen Pracht schnarchend unter der Weide lag. „Wir nehmen das verfressene Plüschding mit der Such-Grab-Funktion.“

Sie holte die Salami aus dem Rucksack und ließ diese an dem Aufhängebändchen vor ihrem Gesicht baumeln.

„Weißt du auch, was gleich passiert?“, grinste sie und blickte ihre Schwester auffordernd an. „Schau genau hin!“

Erichs Nase kam in Bewegung, ganz geschäftig, obwohl der Rest des Hundes noch zu schlafen schien. Trudi war höchst zufrieden. Als Erich gähnte und sich zu strecken begann, kommandierte sie: „Bleib!"

Der olle Erich gehorchte aufs Wort, ließ sie und die Salami jedoch nicht aus den Augen.

„Keine Ahnung, ob es wirklich funktioniert", meinte Trudi zu Teresa, „aber einen Versuch ist es wert. Was anderes fällt mir auch nicht ein."

Teresa guckte immer noch völlig verständnislos. *Die große, allwissende Superschwester, kapieren tut die aber auch gar nix,* dachte Trudi zufrieden und wandte sich an die Troschkas. Die sahen genauso fragend aus. Sie seufzte. *Und diese Holzköppe sind auch kein bisschen schlauer!*

Dann verkündete Trudi ihren Plan: „Wir schieben die Salami in den Tunnel, und zwar so weit wie möglich an Anuschka ran. Dann lassen wir Erich auf die Salami los. Er soll sie sich ausgraben. Und dabei gräbt er dann auch gleichzeitig Anuschka mit aus!"

Trudi schaute triumphierend in die Runde. „Oder er macht zumindest den Tunnel breiter, sodass wir weiter reinkriechen können."

Ihre große Schwester sagte noch immer nichts. Ob aus Verwunderung oder Bewunderung konnte Trudi nicht erkennen.

Galotschka jubelte: „Mein übergroßes Fräulein, was für ein Coup! Deine Ideen sind ja noch riesiger als du!“

„Muss es denn unbedingt diese Salami sein?“, meinte Piroschka zweifelnd. „Passt in den Tunnel nicht auch das Brot hinein?“

„Anuschka mag keine Salami, das weiß jeder, der sie kennt“, erklärte Klawotschka, „da kommt Protest – 100 Prozent. Sie findet Salami total widerlich …“

„Das zählt jetzt aber nich’“, schnitt Teresa ihr kurzerhand das Wort ab und nahm Trudi die Salami aus der Hand.

„Du musst sie richtig herum reinschieben“, konnte Trudi sich nicht verkneifen zu sagen, „mit dem Band zuerst.“

„Wow, ach ja, genau, Fräulein Oberschlau“, knurrte Teresa.

Aber Trudi ließ sich nicht beirren. „Anuschka, hör mir zu, ja? Du musst versuchen, die Aufhängestrippe von der Salami zu tasten. Kriegst du sie zu fassen?“

„Was ist los? Ich versteh euch nicht! Ihr müsst lauter reden!“, klang es gequält aus der Tiefe. „Ich sitze fest! Mir gelingt’s nicht, einen Millimeter weiterzukriechen, ich kann hier nur was total Ekliges riechen!“

Piroschka steckte ihren Kopf in den Tunnel und rief:

„Hör jetzt auf zu motzen
und fang nicht an zu kotzen.
Mach einfach, was wir sagen.
Wir haben eine Salami hier,
die schiebt Teresa grad zu dir
Kannst du sie fühlen?“

„Nein“, klang es gequält aus der Tiefe.

Teresa sah Trudi an und schüttelte den Kopf. „Weiter krieg ich sie nicht.“

Trudi blickte auf die drei Troschkas. „Das heißt jetzt also“, seufzte sie, „dass ihr noch mal in den Bibertunnel müsst – zumindest eine von euch. Ihr müsst die Salami weiter vorschieben, sodass sie bis zu Anuschka heranreicht. Und das Ganze – im Dunkeln.“

Die drei Damen schluckten und sahen sich an.

„Oh nein, also muss ich da jetzt noch mal rein?“, meinte Piroschka.

„Wir gehen natürlich zusammen!“, verkündeten Klawotschka und Galotschka und klopften ihr ermutigend an den hohlen Kopf.

„Ja, aber ihr seid in mir drin“, jammerte die Piroschka. „Und ich bin draußen ganz allein. Echt mutig von euch, Schwesterlein.“

„Wir binden dich wieder an die Strippe“, sagte Teresa beruhigend, „da kann dir nichts passieren.“

„Das sagst du so“, meinte Piroschka und betrat zögernd den Gang. Man konnte hören, wie die Klawotschka im Innern der Piroschka leise und beruhigend auf sie einredete.

„Lausche deinen beiden inneren Stimmen“, sagte Teresa grinsend. Piroschka streckte ihr die Zunge heraus und versuchte, mutig auszusehen. Dann verschwand sie in der Dunkelheit des Erdtunnels. Schon bald war das leise, zögernde Tappeln ihrer Schritte nicht mehr zu hören.

Hoffentlich geht das gut, dachte Trudi.

Nach einer gefühlten Ewigkeit konnte man in der Tiefe aufgeregtes Gemurmel hören und Piroschka rief erleichtert: „Ich bin an der Wurst!“

„Schieb sie weiter!“, riefen Trudi und Teresa.

„Du liebes bisschen, ist die schwer!“, ächzte Piroschka. „Und hört endlich auf zu zappeln, ihr beiden da drinnen!“

Die Mädchen hörten es im Dunkeln knacken und klappern. Das Gemurmel von Klawotschka und Galotschka war nicht zu verstehen.

„Was machen die denn da?“, meinte Trudi.

„Ich glaube, die beiden anderen wollen aus der Piroschka raus. Wahrscheinlich um ihr schieben zu ...“

„Au!“, brüllte plötzlich Klawotschka klar und deutlich. „Heb mich nicht so hoch, Galotschka! Die

Tunneldecke ist doch niedrig! Und wo ist mein Unterteil? Wo? Verflixt noch mal, wo hast du mich hier hingesetzt?"

„Keine Panik. In deinem Unterteil, mein Schwesterlein, steck ich noch drin mit einem Bein", antwortete Galotschka beruhigend.

„Ich werd nicht mehr!", meckerte Klawotschka. Es knackte.

„Bitte sehr", sagte Galotschka. „Jetzt ist alles wieder wie vorher!"

„Passt bloß auf, Klawotschka, dass ihr im Dunkeln nicht abstürzt! Du und Galotschka, ihr seid nicht gesichert!", rief Teresa besorgt in den Tunnel. Die Schnürsenkel waren zum Zerreißen gespannt.

„Kommt jetzt, ihr beiden, schiiiiebt!", befahl Piroschka ihren Schwestern. „Achtung, Anuschkalein! Die Salami, sie kommt!"

„Hiiilfe! Ich rutsch ab!"

„Ich auch!"

„Galotschka? Klawotschka?", kreischte Piroschka. „Wo seid ihr?"

17. Kapitel

Ich hab sie! Ich hab sie!“, hörten sie Anuschkas gedämpfte Stimme.

„Wen?“, rief Teresa.

„Alle drei!“, kam die Antwort aus der Tiefe. „Klawotschka, Galotschka und die eklige Wurst!“

„Bald ist gar keine Troschka mehr übrig“, seufzte Trudi niedergeschlagen.

„Ach Quatsch, Dein Plan muss einfach klappen“, sagte Teresa. „Schnell, hol den ollen Erich her.“

Sie zog an der Schnürsenkelstrippe und rief: „Komm zurück, Piroschka! Jetzt kommt das Plüschding mit der Such-Grab-Funktion zum Einsatz!“

Im Schatten der Weide war es angenehm kühl. *Das ist wahrlich der Ort für ein Mittagsschläfchen!*, dachte Trudi, *kannste jetzt aber vergessen, oller Erich.* Sie tätschelte den großen Hund am Kopf. „Los steh auf, Alter, du kannst jetzt auch mal was tun!“

Erich war gar nicht begeistert.

„Halte ihm am besten deine Hände hin", rief Teresa, „die riechen doch noch nach Salami!"

Schwerfällig erhob sich der riesige Hund. Er hatte keinen blassen Schimmer, was die Mädchen in dieser Affenhitze nun schon wieder von ihm wollten, aber freundlich und nett, wie er nun mal war, ließ er sich trotzdem zu dem Biberloch führen. Erich war kein Jagdhund. Er interessierte sich nicht die Bohne für Biber. Aber hier roch es nach Salami.

Und der olle Erich liebte ungarische Salami. Also steckte er seine Nase tief in das Biberloch, sog den würzigen Geruch ein, schnuffelte, schmatzte. Es war ein Duft, der ihn trunken machte. Sein Riechzentrum drehte durch. Mit einem Mal war die ganze Sommerhitze vergessen und ebenso das schattige Plätzchen unter der Weide. Wie automatisch begannen seine riesigen Vorderpfoten zu graben, schneller und schneller. Gieriger und gieriger. Staub und Erdklumpen flogen in alle Richtungen.

„Weiter, Erich, weiter! Fein machst du das", spornten die Mädchen ihn an.

„Haltet euch fest!", schrie Teresa begeistert. „Der Plüschbagger kommt!"

Dann hatte er sie: Erich zerrte die Salami zurück ans Tageslicht. An der Salamistrippe hingen

Anuschka und Klawotschka. Galotschka klammerte sich an Anuschkas Kopftuch.

Der olle Erich zog sich mit seiner Beute schnurstracks unter die Weide zurück. Während die Troschkas um ihn herumstanden und klatschten, verschlang er die Salami mit drei Hapsen und der Aufhängestrippe. Noch nie hatte jemand so gejubelt, wenn er Salami fraß.

Danach liefen sie zum Ufer hinunter, um sich den Staub von Gesicht und Händen zu waschen. Erich hatte einen Riesendurst.

Anuschka ließ sich seufzend auf ein Bett aus trockenen Binsen sinken. „Nichts ist mir im Leben lieber als oben Salami und unten Biber. Das hier vergess ich nie ..."

„Hat der Biber vorhin eigentlich wirklich an deinen Füßen genagt, Anuschka? Oder hast du das nur gesagt, damit wir uns beeilen?," fragte Trudi und tauchte ihre Arme bis über die Ellenbogen ins kühle Oderwasser.

Anuschka streckte Trudi die Füße entgegen und sagte: „Aber ja und nicht zu knapp! Hier – die ganze Sohle von meinen Clogs ist ab!"

An ihren Füßen waren deutliche Nagespuren erkennbar.

„Junges Holz", seufzte Galotschka, „sei doch

stolz! An mir alter Tanne hätte er bestimmt nicht geknabbert!"

„Ich hab Hunger", meinte Trudi und kramte in ihrem Rucksack. „Wir haben jetzt nur noch das Brot."

„Besser als nix", meinte Galotschka, der auch der Magen knurrte.

„Aber wir müssen uns auch noch was für später aufheben", mischte sich Teresa ein.

Trudi brach jedem ein Stück Brot ab. Die Troschkas brauchten nicht viel und der olle Erich war ja satt. „Wie lange müssen wir denn noch laufen?", fragte sie. „Wie spät ist es überhaupt?"

Teresa zog das Handy aus ihrer Tasche. Der Bildschirm war schwarz. „Oh Mist! Wir haben die ganze Batterie für die Lampe verbraucht. Jetzt geht es nicht mehr an!", fluchte sie.

„Wir wissen nicht mal, wie spät es ist?", fragte Trudi und ließ ihren Blick über den Himmel schweifen, als wäre da irgendwo eine Uhr zu sehen.

„Ich glaube, wir sollten machen, dass wir weiterkommen." Teresa schüttelte den Kopf und zog sich ihre Schuhe wieder an.

„Wir wissen ja glücklicherweise den Weg", meinte Piroschka.

„Hoch auf den Deich und dann immer am Rand entlang", nickte Trudi. „Am Rand von Deutschland."

18. Kapitel

Sie kämpften sich durchs Weidengestrüpp und erklommen den Deich, um ihren Weg fortzusetzen. Die vier hölzernen Damen hatten sich bei den Händen gefasst und stiefelten wieder munter vorneweg.

„Jetzt können wir Oma Zäck aber auch keine SMS mehr schreiben“, meinte Teresa zu ihrer Schwester.

„Wenn wir auf dem Markt sind, rufen wir Mama und Papa an, ihre Nummern weiß ich auswendig“, sagte Trudi.

„Aber wir haben doch kein Geld.“

„Dann fragen wir eben jemanden, ob wir mal sein Handy leihen können. Zum Beispiel den Fellmützenmann, bei dem haben wir ja wohl noch was gut.“

Teresa sah ihre Schwester an. „Weißt du ich bin mir da eigentlich gar nicht so sicher,“ flüsterte sie.

„Ich habe irgendwie das Gefühl, dass die Troschkas auch ein bisschen selber daran schuld sind, dass ihnen eine fehlt. Laut darf man das ja nicht sagen, dann werden sie garantiert sauer. Aber hast du es noch nicht gemerkt? Immer, wenn wir genauer nachhaken, lenken sie vom Thema ab."

Trudi nickte und wandte sich an die Troschkas: „Wie ist denn eigentlich eure Tonjetschka so?"

Anuschka drehte sich um und sagte lächelnd: „Ungeniert und ungeziert."

„Ach was, einfach so wie wir", unterbrach Klawotschka sie, räusperte sich und sang mit rauer Stimme: „Augen klug und glänzend wie polierte Knöpfe, das Haar fast schwarz und lang die Zöpfe."

Piroschka begann sich im Kreis zu drehen und ließ Haar und Schürzenkleid fliegen: „Rund die Figur, von edlem Gemüte, steht sie wie wir in vollster Blüte."

Wie immer hatte die alte Galotschka das letzte Wort. Sie breitete ihre kurzen dicken Arme aus und verkündete hochtrabend:

„Kopftücher rot und Schürzen gelbe,
alle gleich, doch nie dieselbe,
könnte es was Besseres geben,
als als Schwestern so wie wir zu leben?"

Trudi klatschte begeistert, Teresa rollte mit den Augen.

„Ist was?“, fragte Trudi.

„Was soll schon sein?“, entgegnete Teresa.

„Wir werden es bestimmt schaffen“, meinte Trudi. „Jetzt kommen wir doch gut voran!“

„Das ist es nicht“, meinte Teresa.

„Was dann?“, fragte Trudi.

„Wie können sie es schön finden, alle wie Zwillingsschwestern zu sein? Wie eineiige Fünflinge?“

„Also ich wäre gerne ein eineiiger Zwilling“, sagte Trudi. „Die können die Gedanken der anderen lesen.“

„Na super. Ganz toll“, meinte Teresa.

Du musst ja auch nicht mein eineiiger Zwillling sein, dachte Trudi und fächelte sich mit einem abgebrochenen Zweig Luft zu. *Kannst ja meinetwegen die blöde große Schwester bleiben.*

19. Kapitel

Erich bellte und starrte gebannt in den seitlichen Ufergürtel. Der Fluss reichte an dieser Stelle fast bis an den Fuß des Deiches. Man konnte das Wasser im hohen Schilf hindurchblitzen sehen. Es schlug leichte Wellen und schwappte leise.

„Ist da was?“, flüsterte Trudi und blieb stehen.

„Das ist bestimmt nur die Strömung“, meinte Teresa, „vielleicht sind da irgendwelche Strudel.“

Der olle Erich knurrte. Die Mädchen hatten ihn noch nie knurren gehört. Es war kein niedliches Plüschtiergebrummel, sondern kam tief und grollend aus den verborgenen Resten seiner Wolfsseele. Trotz seiner Zotteligkeit sahen sie, wie sich seine Nackenhaare sträubten.

„Oha“, mischte sich Galotschka ein, „das klingt nach fremd und gar nicht gut.“

„Hauptsache, es ist nicht der Biber“, meinte Anuschka.

„Mit dem haben wir ja schon Bekanntschaft gemacht", stellte Klawotschka fest.

„Aber nicht persönlich", entgegnete Galotschka.

„Wenn dir jemand die Sohlen deiner Füße abnagt, finde ich das schon ziemlich persönlich", grummelte Anuschka.

„Jetzt hört auf zu streiten", zischte Piroschka den beiden mit Blick auf Trudi zu.

„Teresa, ich hab Schiss", flüsterte Trudi und dachte gleichzeitig irgendwie erleichtert: *Wie gut, dass ich nicht die große Schwester bin, die keine Angst haben darf!*

Sie hörten ein Schnauben. Es lief ihnen trotz Hitze kalt den Rücken herunter.

„Klingt nicht nach Biber", stellte Galotschka zufrieden fest. „Los, der Weg ist weit und wir haben wenig Zeit!"

Erich knurrte erneut und rührte sich nicht von der Stelle.

„Aber es kann ja noch andere gefährliche Dinge im Schilf geben", meinte Trudi. „Für *uns* gefährliche Dinge."

Piroschka guckte die Mädchen an. „Ach kommt, da wird schon nichts Schlimmes sein."

„Ihr könnt ja vorgehen und nachgucken", meinte Teresa.

Und das taten die Troschkas wirklich. Selbst

Erich schien verwundert. Überhaupt schien er sie in diesem Augenblick zum ersten Mal richtig wahrzunehmen. „Wuff", machte er erstaunt.

„Flusspferde können sehr gefährlich werden", sagte Trudi, als sie ein neuerliches Schnauben hörten, viel näher als das erste.

„Die gibt's hier nicht", meinte Teresa.

„Vielleicht ist es ja ein Krokodil", wisperte Trudi.

„Die auch nicht."

„Aber es gibt manchmal Leute, die ein Krokodil zu Hause in der Badewanne halten und die es dann einfach aussetzen, wenn es ihnen zu groß geworden ist", sagte Trudi. „Papa hat uns mal so was aus der Zeitung vorgelesen. Weißt du das nicht mehr? Da wollten wir eine Zeitlang nur noch ins Schwimmbad baden gehen, weil da das Wasser klar ist."

„Komm lieber weiter, ich kann die Troschkas schon nicht mehr sehen!", unterbrach Teresa sie und nahm ihre Schwester an die Hand. Trudi spürte, wie klebrig und schwitzig Teresas Hand war.

Sie hat ausnahmsweise mal recht, dachte sie, *wir können nichts anderes machen als weitergehen. Wir müssen.*

Auch der olle Erich kam seinem Pflichtgefühl nach, mit hocherhobenem Schwanz und steifen Beinen schritt er voran. Die Hitze über dem stillen

Deich schien die Luft anzuhalten, doch in den trockenen Binsen raschelte es, obwohl keine Brise ging. Plötzlich erhob sich ein großer brauner Kopf aus dem Schilf neben ihnen. Wasser troff von seinen dicken Lippen, Speichelfäden und Reste von langem Weidegras hingen ihm aus dem Maul.

Erich knurrte gebieterisch: *Stopp und keinen Schritt weiter*.

Teresa begann zu kichern: „Ein Pferd, Erich, es ist nur ein dummes Pferd!"

„Siehste, hatte ich doch recht: ein Pferd am Fluss, also ein Flusspferd", lachte jetzt auch Trudi erleichtert. „Vielleicht können wir ja drauf reiten."

Der große Braune sah sie aufmerksam an und machte ein paar Schritte auf sie zu.

„Es ist aber ein ganz schön großes Pferd", stellte Teresa fest und schluckte.

„Und nicht besonders hübsch, oben dick und unten Stöckerbeine", fügte Trudi hinzu und merkte, wie Galotschka an ihrem Kleidersaum zog. „Kommt schnell, gehen wir lieber weiter", flüsterte die Troschka.

„Wieso denn? Vielleicht ist das Pferd ja zahm und wir können auf ihm reiten!" Trudi stemmte die Hände in die Seiten und sagte in spöttischem Ton: „Schon jedes Baby weiß, dass man als Reiter viel schneller vorwärtskommt und weiter."

Die Troschkas sahen die Mädchen sprachlos an. Piroschka war die Erste, die ihre Worte wiederfand.

„Aber Trudi, das ist doch kein Pferd!“, raunte sie ihnen zu. „Menschenskinder, das ist ein Elch!“

Die beiden Mädchen erstarrten.

„Und darum sollten wir hier lieber ganz schnell verschwinden“, drängelte Piroschka, „wenn das eine Elchkuh ist – die kann ziemlich ungemütlich werden, und wenn sie Junge hat, ein richtig wildes Biest.“

Trudi stand wie versteinert in der brütenden Hitze. Die Fliegen, die den Elch begleiteten, umsirrten inzwischen auch sie. Der Elch machte noch ein paar Schritte auf sie zu und betrachtete sie gleichmütig von oben herab. Sie roch seinen modrigen Atem und sah seine gelben Zähne, denn er kaute mit offenem Mund. *So verbiestert sieht das Vieh eigentlich nicht aus,* redete sie sich ein und versuchte ihre Angst abzuschütteln. *Einfach nur wie ein zu großes, ziemlich aus der Form geratenes Pferd.* Ein Schaudern überkam Trudi dann aber trotzdem: *Ich wollte tatsächlich auf einem echten Elch reiten! Das glaubt mir Ava nie! Wo ich ja noch nicht mal auf einem richtigen Pferd geritten bin, sondern nur auf einem Weihnachtsmarktpony.* Sie spürte plötzlich, wie Teresa an ihrem T-Shirt zerrte. Trudi machte ein paar Schritte rückwärts, ohne jedoch das Elchtier dabei aus den Augen zu lassen. Als dieses schließlich den Kopf senkte, um sich neues Gras zu rupfen, durchfuhr Trudi ein spitzer Schmerz, wie bei einem Wespenstich: Die Galotschka hatte ihr in den Fuß gekniffen und drängte: „*Dawaj, dawaj!* Los, kommt endlich, ihr zwei!“

20. Kapitel

Trudi begann zu rennen. Sie hörte, wie Teresa hinter ihr nach Erich rief. Sie rannten und rannten. Erst als der große Hund sie überholte, verlangsamte Trudi ihre Schritte und blieb stehen.

„Sieh an, sieh an, es geht ja doch voran", zwitscherte Galotschka, die an ihrem Kleidersaum hing und selbstzufrieden nachschaukelte.

Trudi drehte sich um. Mitten auf der Deichkrone stand der riesenhafte Elch und sah ihnen nach.

„Er sieht fast ein bisschen traurig aus", fand Teresa. „Oder sie."

„Find ich überhaupt nicht", sagte Trudi.

Das Elchtier machte ein paar zögerliche Schritte.

„Vielleicht hat sie ihre Jungen verloren und guckt deshalb so traurig?", überlegte Teresa.

„Vielleicht ist es ja auch gar keine Elchkuh mit Jungen", meinte Trudi, „vielleicht ist das ja vorgetäuscht. Vielleicht gucken Elche immer so."

Teresa blinzelte. „Haben Elchkühe eigentlich ein Geweih?“, wandte sie sich an die Troschkas.

Klawotschka zuckte mit den Achseln: „So genau hab ich sie mir obenrum noch nicht betrachtet.“

„Wir bitten euch um Nachsicht“, beeilte sich Anuschka zu sagen und klang dabei etwas steif.

„Auf Begegnungen mit Elchen sind wir verständlicherweise nicht besonders erpicht. Mahnt uns doch allein die Größe ihrer Füße zur Vorsicht.“

Galotschka baute sich vor ihren Schwestern auf und erklärte: „Zwischen diesem Riesenelchtier und uns zierlichen Holzpuppen hier besteht in jeglicher Hinsicht ein ernst zu nehmendes Ungleichgewicht.“

Die muss auch immer ihren Senf dazugeben, dachte Trudi genervt. *Was sind das hier bloß für Sommerferien! Andere Kinder in unserem Alter sind jetzt am Strand und bauen Sandburgen oder wandern mit ihren Eltern über die Alpen. Und wir?*

„Kommt jetzt, gehen wir weiter“, drängte Teresa ungeduldig und rollte mit den Augen. „Ignoriert ihn doch einfach.“

Und um das Thema zu wechseln, sagte sie nach ein paar Schritten zu den Troschkas: „Wie ist eure Schwester eigentlich noch mal verschwunden? Und warum? So richtig verstehen tu ich das nicht. Als Teil einer Matroschka kann man nicht einfach so verloren gehen oder vom Tisch fallen, ohne dass es jemand von den anderen merkt, nicht wahr?“

Die Troschkas schwiegen betreten und sahen sich an.

„Vielleicht ist sie ja auch entführt worden“, schlug Trudi vor.

„Guckt mal, er folgt uns“, brach Galotschka schließlich das Schweigen. Alle warfen einen schnellen Blick über die Schulter. Der Elch tat unbeteiligt. Er zupfte hier und da ein bisschen lustlos am trockenen Deichgras, doch obwohl sie ein ganzes Stück gelaufen waren, schien er genauso weit von ihnen entfernt zu sein wie noch vor ein paar Minuten.

„Lass ihn einfach“, sagte Trudi. „Der macht nichts außer Gras fressen.“

Teresa betrachtete immer noch die Troschkas. „Ich versteh das nicht. Ihr wollt, dass wir euch helfen, Tonja zu finden, aber wenn wir genauer nachfragen, lenkt ihr immer vom Thema ab“, sagte sie ärgerlich.

„Genau“, stimmte Trudi ihr zu.

„Aber nein“, sagte Anuschka beschwichtigend, „ganz so ist es nicht.“

„Psst! Hört mal“, unterbrach Piroschka sie, „da kommt wer!“

„Seht ihr“, knurrte Teresa, „jetzt schon wieder!“

„Nein, aber wirklich, hört doch mal!“, rief jetzt auch Galotschka. „Schhhht!“

Auch der Elch hatte seinen Kopf umgedreht und spitzte die Ohren.

Es stimmte: Von Ferne hörte man das Knattern eines Motors.

„Opa Zäck?“, meinte Trudi.

„Das hört sich aber nicht an wie ein Auto,“ meinte Teresa.

„Opas Auto hört sich ja auch nicht an wie ein Auto“, bemerkte Trudi.

21. Kapitel

Ein kleiner Punkt erschien auf dem schmalen, löchrigen Asphaltweg, der neben dem Deich entlangführte. Es war ein Moped mit Anhänger. Der Fahrer hob die Hand zum Gruß.

„Halt! Warten Sie!", rief Trudi und rannte den Deichhang hinunter. Sie stolperte. Bremsen quietschten.

„Mensch Mädel, wat machste denn da?", rief der Mann erschreckt. Er hob sein blaues Käppi und wischte sich den Schweiß von der Stirn. Er trug eine blaue Latzhose, genauso so eine wie Oma Zäck am Tag zuvor, drunter hatte er jedoch nur ein weißes Unterhemd mit angegrauten Kanten. Seine Oberarme waren sonnenverbrannt.

„Ist das nicht der Hund vom alten Zäck?", fragte er und blinzelte durch seine dicken Brillengläser. Dann erblickte er Teresa. „Ach, da ist ja noch eine! Was macht ihr denn hier so janz alleene?"

„Wir machen einen Ausflug nach drüben, zum Markt", meinte Trudi und deutete stromaufwärts. „Wir kommen von den Zäcks."

Der Mann im Blaumann beugte sich etwas vor und sah sie fragend an.

„Von den Zäcks", schrie Trudi.

„Ach, von Hella und Gerhard?", rief der Mann und hielt sich die Hand hinters Ohr. Er schien wirklich ziemlich schwerhörig zu sein. „Ich wusste jar nich, dass die beeden Enkelkinnerchens haben!"

Trudi warf Teresa einen triumphierenden *Siehste!-Blick* zu.

„Fang jetzt nicht wieder mit dieser Nicht-unsere-Großeltern-Geschichte an", knurrte Teresa leise, „wir haben jetzt erst mal andere Probleme." Sie wandte sich an den Mopedmann. „Guten Tag, der Herr", sagte sie in so höflichem Ton, dass sie fast von selber knicksen musste. Trudi kicherte. Teresa sah ihre Schwester finster an.

„Wat fürn Herr? Weeste, mein Frollein, ick höre manchmal schwer!", lachte der Mann und lüpfte die Schirmmütze erneut. „Gestatten die jungen Damen: Ick bin der Rasende Rudi."

„Dahinten steht ein Elch", schrie Trudi und zeigte den Deich hinauf.

„Ach, der, det is doch unser Deichgraf. Der ist komplett harmlos", fuhr der Mann fort und warf sein Moped knatternd wieder an. „Er wartet auf seine große Liebe, der Dussel. Aber die kommt nicht. Letzten Winter ist er aus Polen über die zugefrorene Oder rüber. Und jetzt traut er sich wahrscheinlich nicht zurück, unser Prinz. Obwohl er ein Elch ist."

„Vielleicht können ja auch nicht alle Elche gut schwimmen", schrie Teresa.

„Da geb ick dir recht, Mädel. Und ich glaub, unser Deichgraf is een kleener Schisser", nickte Rudi.

Er zeigte auf die Troschkas, die verstreut im Gras herumlagen. „So, Kinners, dann spielt man noch schön mit euren Püppies. Ick muss jetzt los, die Karnickel füttern. Das ganze Grünfutter wird mir sonst in der Sonne zu Heu." In seinem Anhänger war ein Berg von Löwenzahn und frisch geschnittenem Gras.

„Könnten Sie uns vielleicht ein Stückchen mitnehmen?", fragte Teresa. „Wir sollen nämlich um drei Uhr drüben auf dem Markt sein."

„Auf dem Markt?", fragte Rudi. „Is der olle Zäck wieder zum Großeinkauf rüber? Zwei Schrauben und drei Muttern?"

„Ja. Wir treffen uns um drei an der Imbissbude zum Kartoffelpufferessen", fügte Teresa hinzu und trat Trudi warnend auf den Fuß.

„Au!", jaulte Trudi und dachte: *Blöde Kuh, ich hab das schon kapiert! Für wie doof hält die mich denn?*

„Um drei?" Rudi blickte in die Sonne und sagte: „Dann seid ihr aber janz schön spät dran!"

„Eben", sagte Teresa, „wenn wir mit Ihnen ein Stück mitfahren können, schaffen wir es vielleicht noch!"

„Na jut, bis zur Brücke kann ich euch mitnehmen, da muss ich dann aber abbiegen", seufzte er. „Springt rein!"

„Schnell, die Troschkas!", rief Teresa Trudi zu. Die vier hölzernen Damen lagen immer noch bewegungslos im Gras. Die Mädchen stopften sie in den Rucksack.

„Aber der Köter muss laufen!", sagte Rudi. „Sonst krieg ich Achsbruch."

Die Mädchen quetschten sich in den Anhänger und bissen sich tapfer auf die Lippen, als die Brennnesseln im Grünfutter sie pikten.

Der Rasende Rudi gab Gas. Erich hatte zunächst kein Problem mitzuhalten. Er trabte gemütlich hinterher. Bald hing ihm jedoch die Zunge weit aus dem Maul.

Der Deichgraf verschwand in der Ferne. *Spätestens im Winter, wenn der Fluss zugefroren ist, hast du ja deine Liebste zurück,* dachte Trudi. *Hoffentlich hat die dann noch keinen Neuen.*

Der Fahrtwind war herrlich. *So müssen Sommerferien sein.*

22. Kapitel

Als die große eiserne Brücke in Sicht kam, bremste Rudi. „Endstation. Alle aussteigen“, sagte er. „Hier muss ich abbiegen.“ Er zeigte auf ein paar Häuser, die im Schatten einiger hoher Pappeln jenseits der Oderwiesen lagen. Die Mädchen bedankten sich artig und sahen zu, wie Rudi in einer Staubwolke Kurs auf die Häuser nahm. Der olle Erich ließ sich schnaufend ins trockene Gras fallen.

„Komm, wir gehen noch mal runter ans Wasser“, meinte Teresa gut gelaunt und stapfte den Deich hinauf. „Uns frisch machen.“

Während Erich die halbe Oder aussoff, holte Trudi die Troschkas und den Klettspiegel aus dem Rucksack. „Oder sollen wir sie lieber so unlebendig mitnehmen?“, fragte sie Teresa und betrachtete die Holzpuppen, die sie nebeneinander auf einen Stein gestellt hatte. Teresa lehnte zufrieden an einem der gelb–rot-schwarzen Grenzpfähle und blickte über die Oder. Der Markt war jetzt gut zu erkennen. Und ganz offensichtlich herrschte dort noch reges Treiben.

„Hmmh?“, meinte sie gedankenverloren.

„Dann halten sie wenigstens die Klappe.“

„Steck sie zusammen, genauso wie wir sie gekauft haben. Dann können wir dem Fellmützenmann am besten zeigen, was er uns da für eine Matroschka verkauft hat“, sagte Teresa.

„Hoffentlich sind die Troschkas dann nachher nicht sauer auf uns“, meinte Trudi und schob sich die Puppe in die Vordertasche ihres Kleides. An Anuschkas hölzernem Gesicht ließ sich nichts ablesen.

Jetzt sehe ich genauso aus wie gestern, dachte Trudi, *da wird mich der Fellmützenmann leicht wiedererkennen.*

Die Sonne brannte nicht mehr. Auch schien ein Hauch von Feierabend in der Luft zu liegen, als sie die Brücke betraten.

„Dürfen Kinder eigentlich alleine in ein fremdes Land gehen?“, fragte Trudi.

Teresa guckte besorgt. „Wir haben gar keine Pässe dabei.“

„Aber als wir gestern mit Oma und Opa Zäck rübergefahren sind, hat uns doch auch keiner kontrolliert“, meinte Trudi.

„Vielleicht weil wir in einem Auto mit deutschem Kennzeichen saßen?“

„Kapier ich nicht. Los komm, wir gehen einfach.“

Teresa hielt Trudi zurück. „Warte, ich hab eine Idee.“ Sie deutete auf eine Mutter mit einem Buggy, in dem ein quengeliges kleines Mädchen saß. Es war eigentlich schon zu groß für den Kinderwagen. Das Mädchen hatte ein rotes Basecap auf dem Kopf und eine Blümchensonnenbrille auf der Nase. „Komm, wir hängen uns an die beiden ran, das ist unauffälliger“, sagte Teresa leise zu Trudi, „wir tun so, als ob wir dazugehören würden. Die Mutter merkt das garantiert nicht.“

Teresa hatte recht. Die Frau war vollends damit beschäftigt, ihr zappeliges Kind auf dem Sitz zu halten. „Ruby, nun bleib doch mal sitzen!“, stöhnte sie. Trudi und Teresa liefen hinter dem Kinderwagen her und schnitten Grimassen, um das Kind abzulenken. Zuerst funktionierte es, doch dann schrie das Mädchen plötzlich aus Leibeskräften: „Guck mal, Mama, da ist ein böser Wolf!“

Sie hatte den ollen Erich entdeckt.

Die Frau drehte sich um und schrie auf.

„Was soll das?“, fauchte sie Teresa und Trudi an. „Verschwindet mit eurem Riesenköter! Der kann einen ja zu Tode erschrecken!“

Teresa und Trudi blieben stehen. Teresa griff nach Erichs Halsband.

„Und nehmt ihn gefälligst an die Leine!", rief die Frau. „In Polen ist nämlich Leinenpflicht für Hunde! Genau wie in Deutschland übrigens."

„Mist, wir haben doch gar keine Leine mit", sagte Trudi zu Teresa, „was machen wir jetzt?"

„Vielleicht ist es unauffälliger, wenn wir den ollen Erich hierlassen", meinte Teresa. „Komm, wir suchen ihm ein schönes Plätzchen unten am Fluss. So eines wie vorhin am Biberloch. Da kann er ein Schläfchen machen, bis wir ihn wieder abholen."

„Und wenn er uns hinterherkommt?"

„Wir müssen ihn irgendwo anbinden."

Sie fanden eine überhängende Weide am Ufer.

„Schnürsenkel her", kommandierte Teresa.

„Die reißt der doch sofort durch", meinte Trudi.

„Weiß ich doch selber. Das ist nur eine *Merkhilfe* für ihn", sagte Teresa und rollte mit den Augen. Dann band sie Erich an einem der Äste fest. „Die meisten Hunde haben ein Kurzzeitgedächtnis. Die Schnürsenkelleine kann ihn dran erinnern, dass er auf uns warten soll."

„Steht so was in deinen Hundebüchern? Oder hast du dir das nur ausgedacht?", fragte Trudi skeptisch.

Teresa hatte Dutzende von Hundebüchern, weil

sie sich schon so lange einen Hund wünschte. Aber Papa sagte immer: „Lieber zehn Meerschweinchen als einen Hund." Trudi selbst war ja auch eher für Meerschweinchen. *Obwohl der olle Erich ja echt ok ist,* dachte sie. *Vor allem wie er da gerade diese dumme Göre und ihre Mutter erschreckt hat! Wenn ich den mit zur Schule nehmen könnte, würde selbst der obercoole Kevin Schweißausbrüche kriegen.*

Teresa holte die Tüte mit dem Brot aus dem Rucksack. „Damit ist er erst mal beschäftigt. Und danach satt und müde."

„Warte", meinte Trudi und kramte in der Vordertasche ihres Rucksacks. Sie nahm Teresa die Papiertüte aus der Hand, strich sie glatt und schrieb mit ihrem Füller, den sie eigentlich mitgenommen hatte, um ihren Eltern eine Urlaubspostkarte zu schreiben, auf die Tüte:

DAS IS OPA ZÄCK SEIN HUND. BIETE NICHT KLAUEN. WIR HOLN IEN NACHER WIEDA AP. TRUDI +TERESA

Die Tüte schob sie unter Erichs Halsband.

„So, Erich", sagte Teresa mit ernster Stimme. „Du wartest jetzt hier, bis wir wiederkommen, ja? Mach Platz!"

Erich gehorchte aufs Wort, denn Teresa hielt noch immer das köstlich duftende Brot in der Hand. Sie legte es ihm vor die Füße.

„Bleib, Erich, bleib“, beschwor sie ihn dann mit tiefer Stimme, während sie mit Trudi langsam rückwärts die Uferböschung wieder hochging. Die Mädchen beobachteten, wie der Hund sich genüsslich über das Brot hermachte, sobald sie aus seinem Blickfeld verschwunden waren.

„Und jetzt schnell weg hier“, erklärte Teresa. „Wenn Hunde ihr Herrchen verloren haben, kommen sie immer zu dem Platz zurück, wo sie es zuletzt gesehen haben. Also müsste er eigentlich hier auf uns warten.“

Teresa weiß so viel, ich wäre ja echt gerne so wie sie, dachte Trudi bewundernd. *Aber sind wir denn jetzt eigentlich Erichs Herrchen?*

23. Kapitel

Es war ziemlich voll auf der Brücke nach Polen.

„Wir machen es genauso wie vorhin“, sagte Teresa. „Wir laufen am besten dicht hinter irgendeiner Familie her und tun so, als würden wir dazugehören.“

Trudi nickte und sah sich um. Die meisten Leute hatten offensichtlich ihre Einkäufe erledigt, denn sie liefen in die falsche Richtung, nämlich zurück nach Deutschland. Und alle Kinder, so schien es Trudi, hatten ein Softeis in der Hand, Schoko-Vanille. *Ob es das Eis auf dem Markt für Kinder umsonst gibt?*, dachte Trudi und sah ihnen sehnsüchtig hinterher. *Ich hätte gerne Schoko.*

„Wir nehmen jetzt die da“, sagte Teresa, „wir können ja nicht mehr ewig warten.“

Ein älteres Pärchen lief an ihnen vorbei. Die beiden wurden begleitet von einem pickligen, ziemlich gelangweilt aussehenden Jungen. Trotz der Hitze trug er eine glänzend weinrote Bomberjacke, die auf dem Rücken ein Monstertruckemblem zierte, unter dem *Easy Ingo* und *Crashmasters Forever* stand. Der Junge trottete hinter den beiden Alten her und zog einen leeren Einkaufsrolli. Eine Zigarette hing ihm aus dem Mund und eine zweite steckte hinter seinem Ohr, obwohl er wahrscheinlich noch nicht mal 16 war.

Trudi und Teresa folgten ihm und warfen einen besorgten Blick auf die andere Seite der Brücke, wo Männer in dunkler Uniform mit strengem Blick die Einkaufstüten mancher Leute kontrollierten. Die Männer trugen neongelbe Westen, auf denen in Leuchtschrift *Zoll* stand.

„Was machen die da? Sind das Polizisten? Guck mal, die haben ja echte Waffen", sagte Trudi beunruhigt. „Was bedeutet denn überhaupt Zoll?"

Teresa zuckte mit den Schultern. „Vielleicht Polizei auf Polnisch, aber is doch egal jetzt", flüsterte sie. „Wir müssen so nah wie möglich zu denen, damit es aussieht, als wären wir eine Familie."

Zunächst tat der Bomberjackenjunge so, als ob er die beiden Mädchen nicht weiter bemerkte. Als die beiden jedoch nur noch ein paar Schritte hinter ihm waren, drehte er sich um, sog tief an seiner Zigarette und pustete ihnen den Rauch ins Gesicht. „Is was?", blaffte er.

Teresa und Trudi brachten vor Schreck kein Wort heraus. *Die Muskeln unter seiner Bomberjacke sehen nicht nur so aus,* dachte Trudi. Es lief ihr kalt den Rücken hinunter, *die sind echt. Tu doch was, Teresa, bitte tu was!*

„Was rückt ihr mir hier auf die Pelle? Verpisst euch!", knurrte der Junge.

„K… k… kennst du unsere große Schwester Tatjana?", stotterte Teresa.

Trudi stutzte. *Wir haben doch gar keine große Schwester!*

„Ich kenn keine Tatjana", brummte der Junge.

Sie hat sie sich ausgedacht!, dachte Trudi. *Wie genial!*

„Sie geht in deine Parallelklasse." Teresas Stimme zitterte.

„Und wir haben noch zwei andere große Schwestern! Tina und Tini! Die sind auch ganz süß", mischte sich Trudi fröhlich ein. *Wir sind wie die Troschkas!*

Teresa warf ihr einen vernichtenden Blick zu.

„Aber du bist doch der Ingo, oder?", fuhr sie dann ein bisschen zu laut fort.

Der Junge kniff die Augen zusammen und nickte leicht. „Und weiter?"

„Tatjana ist total verliebt in dich", stotterte Teresa und wurde feuerrot.

„Soso“, sagte der Junge und sein Ton wurde schärfer, „is’ nur komisch, dass ich vor drei Monaten die Schule geschmissen hab.“

„Sch... st... t... timmt aber trotzdem“, japste Teresa.

Trudi zerrte an ihrem Arm. „Teresa, bleib stehen!“, flüsterte sie ihr zu. „Wir sind längst drüben!“

Der Junge trat einen Schritt auf sie zu. Seine Bomberjacke blähte sich. „Was wollt ihr eigentlich, hä?“

„Ingo, nun lass doch die kleinen Polenmädchen in Ruhe!“, schimpfte plötzlich die ältere Frau und zog an seinem Arm. „Wir haben schon genug Ärger mit dir!“

24. Kapitel

Teresa und Trudi rannten davon. Ihre schnürsenkellosen Schuhe schlappten. Der Markt kam ihnen heute viel größer vor als noch am Tag zuvor, ein einziges Wirrwarr aus Buden und wackligen Ständen vor einem weitläufigen, alten Fabrikgelände. Sie blieben stehen und sahen sich um. Der Junge war ihnen nicht gefolgt.

Trudi umarmte ihre große Schwester. „Du bist die Beste! Echt!"

Teresa grinste gnädig. Dann sagte sie schnell: „Los, suchen wir den Fellmützenmann!"

Trudi klopfte an den Kopf der Matroschka: „Jetzt wird alles gut, Püppies!", rief sie fröhlich.

Überall auf dem Markt duftete es nach Bratwurst. An den Imbissbuden stapelten sich Berge von Schnitzeln und gegrillten Schaschlikspießen. Es gab Stände mit tausenderlei Konfekt in glänzendem, buntem Papier und zuckriges Hefegebäck, das die Wespen nicht ohne Grund umschwärmten. Trudi und Teresa merkten, wie schrecklich hungrig sie waren. Sie hätten jetzt sogar die eingelegten Salzgurken aus den riesigen Fässern genommen. Ihren ganzen Proviant hatten sie ja an den ollen Erich verfüttert und Geld hatten sie keines mehr.

Die Mädchen wussten noch haargenau, wo der Fellmützenmann seinen Stand hatte.

Schon ganz aus der Ferne meinte Trudi den Berg aufgetürmter Fellschapkas zu erkennen. Als die beiden jedoch näher kamen, sahen sie, dass es nur Schonbezüge für Autositze waren.

„Mist!“, fluchte Teresa. „Hier war es doch! In der letzten Reihe vor der Oder!“

„Vielleicht doch ein bisschen weiter Richtung Brücke?“, meinte Trudi und sah sich um. *Hier sieht es genauso aus wie gestern und doch scheint alles irgendwie verändert,* dachte sie. *Vielleicht weil alles nicht mehr ganz genau an dem Platz steht wie gestern, sondern nur fast. Wo ist denn bloß die Imbissbude, in der wir gestern gegessen haben?*

„Komm“, sagte Teresa, „wir gehen jetzt Reihe für Reihe ab. Irgendwann müssen wir den Fellmützenstand finden.“

„Sollen wir die Troschkas nicht doch besser

wieder lebendig machen?“, meinte Trudi. „Vielleicht können sie uns ja helfen.“

Teresa nickte. „Vielleicht hast du recht. Suchen wir uns dafür lieber eine ruhige Ecke.“

Müde setzten sie sich an den Rand des Marktes, wo die platt gedrückte, staubige Wiese in das hohe Ufergras überging. Die Oder glitzerte in der Nachmittagssonne, kein Schiff war zu sehen, nur ein Seeadler, der über dem Fluss seine Runden drehte. Trudi nahm die Matroschka auseinander und stellte die Püppchen nebeneinander auf einen alten Weidenstamm. „Damit es schneller geht“, sagte sie zu Teresa und zog dann grinsend den Klettspiegel aus dem Rucksack. „Aufwaaachen!“

Anuschka streckte sich und lächelte. „Sind wir da?“

Trudi nickte.

„Supi“, meinte Piroschka und strich ihre Schürze glatt. Dann sah sie sich verwundert um und kletterte auf Trudis Schulter.

„Wo sind wir denn, Schwester? Weit und breit nur offenes Gelände“, meinte sie erstaunt. „Keine Buden, keine Stände!“

„Ist Tonjetschka da?“, unterbrach Klawotschka ihre Schwester und zupfte ungeduldig an Trudis Kleid. Sie und Anuschka kletterten Piroschka hinterher und setzten sich zu ihr auf Trudis Schulter.

Galotschka auf dem Stamm rieb sich noch immer verschlafen die Augen und gähnte. „Ich sehe hier keinen Markt."

Teresa nahm Galotschka und stellte sie auf Trudis Kopf.

„Festhalten!" Trudi erhob sich vorsichtig. „Da isser, der Markt. Bitte sehr", meinte sie. „Wir finden bloß den Fellmützenstand nicht mehr."

25. Kapitel

Wir gehen jetzt einfach noch mal zusammen mit den lebendigen Troschkas über den Markt“, meinte Teresa. „Vielleicht finden sie ja den Stand.“

Sie holte sich den Rucksack nach vorne und steckte Klawotschka und Galotschka in die Vordertasche, so, dass ihre Köpfe noch hinausguckten. In der Vordertasche von Trudis Kleid fanden Anuschka und Piroschka gerade so Platz.

„Mein Gefühl sagt mir, dass wir mehr nach links müssen“, meinte Piroschka.

Was haben denn bitte schön Holzpuppen, die innen hohl sind, für ein Gefühl?, fragte Trudi sich.

„Links ist grundsätzlich immer richtig“, mischte sich Galotschka ein.

„Ich bin zwar ziemlich kurzsichtig“, antwortete Klawotschka und kniff die Augen zusammen. „Aber ist dahinten nicht ein Stand mit Fellmützen?“

„Klawotschka, das ist Heimtierbedarf“, stellte

Trudi fest, „Goldfischfutter, Hundekörbchen und Schmusedecken für Katzen."

Dann auf einmal sahen sie den Stand. Er war einfach plötzlich da. Hinterste Ecke, letzte Reihe vor der Oder. *Genau wie gestern*. Berge von Fellschapkas und alte Armeeuniformen.

„Das ist er!", rief Trudi und rannte los. *Warum ist er uns denn bloß vorhin nicht aufgefallen?*, dachte sie.

Am Stand war niemand zu sehen.

Trudi lugte über eine Schatulle mit glänzenden Orden. Hinter dem vollgepackten Tisch saß der Fellmützenmann zusammengesunken in einem Campingstuhl und schlief.

„Da", wisperte Klawotschka aufgeregt. „In genau solchen Kisten waren wir drin!" Sie zeigte auf die großen Pappkartons, die sich um den schlafenden Mann im Campingstuhl stapelten.

„In diesen ollen Dingern seid ihr aus Russland gekommen?", fragte Trudi. „Den ganzen Weg?"

Galotschka nickte, holte tief Luft und sagte: „Im Abendrot auf einem Boot von Nischni Nowgorod, auf Wolgafluss, danach mit Bus, am Schluss – ein Stück zu Fuß, am Markt sobald, dort endlich Halt nach Aufbruch aus der Heimat Wald. Noch im Karton verpackt nach ewig langer Pause, kamt ihr und gabt uns ein Zuhause! Was nun noch fehlt zu unserm Glück – wir brauchen Tonjetschka zurück!“

Trudi sah nachdenklich aus. „Wie kann Tonja verschwunden sein, wenn ihr die ganze Zeit im Karton wart?“, fragte sie.

Die Troschkas guckten betreten.

„Naja“, erklärte Piroschka, „das war jetzt von Galotschka so ein bisschen bildlich gesprochen und ein wenig abgekürzt. Bevor ihr kamt, standen wir schon ein Weilchen auf dem Verkaufstisch herum. Aber als dann einfach keiner etwas von seinen Sachen kaufen wollte, hat der Fellmützenmann eben angefangen, alles wieder einzupacken. Uns zuerst.“

„Und beim Einpacken ist ihm Tonjetschka runtergefallen, oder wie?“, fragte Teresa. „Und er hat es überhaupt nicht gemerkt?“

„Weiß ich nicht genau“, stotterte Piroschka. „Der war halt ein bisschen sauer, weil er nichts verdient hat.“

„Und euch wollte er dann loswerden, weil er vielleicht wusste, dass ihr nicht mehr vollständig wart, oder wie?“, meinte Trudi.

„Nein“, sagte Piroschka verlegen, „so war es doch gar nicht.“ Sie sah Klawotschka und Galotschka Hilfe suchend an.

„Ihr verschweigt uns doch die ganze Zeit schon was!“, schimpfte Teresa. „Glaubt ihr, wir sind doof?“

Der Mann im Campingstuhl schreckte auf.

„Was soll das Geschrei?“, knurrte er und schob sich die Fellmütze aus dem Gesicht. „Was wollt ihr hier?“

Die Troschkas erstarrten. Die Mädchen auch: Der Mann sah ganz anders aus als am Vortag! Nur die Fellmütze stimmte. Wo bei dem anderen Goldzähne geblitzt hatten, gähnten bei diesem hier gewaltige Zahnlücken in seinem Mund, die seiner Stimme einen hässlich zischenden Unterton verliehen. Eine wulstige Narbe wand sich quer über sein Gesicht.

„Wo ist denn dein Kollege von gestern?“, fragte Trudi verdattert.

„Den hab ich rausgeschmissen“, höhnte der Mann. „Der hat kein gutes Geschäft gemacht. War total unzuverlässig und hat nix verdient!“

„Diese Matroschka haben wir gestern hier gekauft“, sagte Teresa unbeirrt.

„Aber sie ist nicht vollständig“, fuhr Trudi in gestrengem Ton fort und stellte die Puppen der Reihe nach vor dem Mann auf. „Wie man sieht, fehlt die zweitgrößte. Können Sie uns das bitte mal erklären?“

„Ich kann gar nichts“, schimpfte der Mann. „Passt einfach besser auf euren Kram auf! Ihr Kinder lasst doch sowieso immer alles herumliegen!

Außerdem seid ihr bei mir völlig falsch: An meinem Stand gibt es überhaupt keine Matroschkas! Oder seht ihr hier etwa welche?“

„Sie waren ja gestern auch in einer der Kisten hinter dem Ladentisch“, sagte Trudi. So schnell ließen sie sich hier nicht abspeisen! *Vielleicht ist Tonjetschka ja doch noch zurück in einen der Kartons geklettert. Irgendwo muss sie hier doch sein!*

Trudi marschierte einfach um den Stand herum und schaute prüfend in jeden der Kartons, die um den Campingstuhl herumstanden. Die Kisten waren jedoch alle – bis auf die mottenzerfressene Fellmützenausschussware – komplett leer. *Das kann doch nicht sein!*, dachte sie. *Heißt das jetzt, dass Tonjetschka für immer weg ist und wir den weiten Weg ganz umsonst gekommen sind?*

Plötzlich brach die Stimme des Fellmützenverkäufers, der eben noch sprachlos zugesehen hatte, wie ein Sommergewitter über sie herein.

„Ihr wollt hier doch nur klauen!“, brüllte er und erhob sich drohend aus seinem Campingstuhl. „Macht, dass ihr wegkommt! Verschwindet, sonst hol ich die Polizei!“

26. Kapitel

Die Mädchen stolperten über den staubigen Markt, ohne Ziel, nur weg. Wichen Leuten und Buden aus. Schottersteinchen verfingen sich in ihren Schuhen und piksten sie. Trudi schossen Tränen in die Augen, sie konnte kaum noch etwas sehen. Trotzdem lief sie einfach weiter, bloß weg von diesem schrecklichen Mann. Als ihr Hals irgendwann so trocken war, dass sie nicht mehr schlucken konnte, blieb sie japsend stehen. *Ein Glück haben wir ja noch das Drachenhahnwasser.* „Kann ich –?", krächzte Trudi.

„Teresa?"

Wo is' sie denn? Der Fluss war auch weg. Und die beiden Holzpuppen in ihrer Tasche verzogen keine Miene.

Der Klettspiegel ist ja bei Teresa im Rucksack, fiel ihr ein. *Mist, jetzt bin ich ganz allein.*

Die Buden um sie herum verkauften alle nur

Gartenzubehör: Hängegeranien, Rasendünger, Obstbäumchen und Tomatenstauden. Nirgendwo gab es einen Spiegel. Nur blühende Blumen und Terrakottatontöpfe.

Aber Moment, dachte sie und drehte sich um. *Tomaten?*

An den Tomatenpflanzen in dem kleinen Gartencenter, vor dem sie jetzt stand, hingen die Früchte in üppigen, leuchtend roten Trauben. *Ob man die pflücken darf?,* überlegte Trudi, der das Wasser im Mund zusammenlief. *Eigentlich verkauft man in einem Gartencenter Pflanzen und nicht Früchte,* dachte sie. *Sonst wäre es ja ein Gemüsestand.*

Als keiner guckte, pflückte sie sich eine Handvoll Tomaten von den Pflanzen, die am weitesten hinten in der Ecke standen. *Sicher ist sicher.* Dann öffnete sie die beiden Troschkas und steckte in jede Puppe zwei Tomaten. *Für Teresa.* Trudi musste fast ein bisschen kichern. Die Troschkas würden toben! Sie konnte Klawotschka schon meckern hören: „Was fällt dir ein? Wir sind doch keine Brotdosen!“

Die restlichen Tomaten steckte sie sich alle auf einmal in den Mund. Sie waren unglaublich süß und saftig und hoben ihre Laune beträchtlich. *Ich muss zurück zum Fellmützenstand,* dachte Trudi, *da werde ich Teresa schon irgendwie finden. Vielleicht wartet sie ja auch dort auf mich. Von wo bin ich denn eigentlich gekommen?* Die Bude mit glitzerigen rosa Mädchenkleidern dahinten kam ihr bekannt vor. Trudi hasste rosa Sachen. *Nur Tussis wie die blöde Rhea von oben ziehen solche Sachen an,* hatte sie gestern beim Dranvorbeikommen gedacht.

Sie lief zu der Bude und wandte sich an die Verkäuferin, die dabei war, einen Stapel rosa Scheußlichkeiten sorgfältig zusammenzufalten.

„Entschuldigen Sie bitte", sagte Trudi.

Die Frau schaute auf und strahlte. „Moment!", rief sie und wühlte in ihrem Kleiderstapel. Dann zog sie ein rosa Tüllkleid in Trudis Größe hervor, über dessen Vorderseite ein lila Einhorn mit weißen Flügeln galoppierte.

„Damit siehst du wie eine richtige kleine Prinzessin aus, oder?", rief die Frau.

Oder?, schoss es Trudi durch den Kopf. Sie starrte die Verkäuferin an und fragte: „Wie komm ich denn zurück zur Oder? Zum Fluss?"

Die Verkäuferin guckte etwas verwundert und zeigte dann schräg an ihrem Stand vorbei. *„Odra, tam!"*

Trudi stellte fest, dass sie in ihrer Panik völlig falsch gelaufen war, nämlich genau in die entgegengesetzte Richtung. Sie bedankte sich bei der verdutzten Verkäuferin und lief weiter. Wenig später konnte sie in der Ferne die Brücke erkennen. *Wo die Brücke ist, ist auch die Oder,* dachte sie. Sie bahnte sich, den Blick die ganze Zeit fest auf die eisernen Brückenpfeiler gerichtet, einen Weg durch den Markt und übersah sogar den Mann mit der Softeismaschine.

Sie entdeckte Teresa genau an der Stelle nahe des Flussufers, wo sie auch gestern schon gewesen waren und dem Frachtkahn zugeschaut hatten. Auch Teresa schien Ausschau nach ihrer Schwester zu halten. „Hier bin ich!", rief Trudi und rannte durch das peitschende Ufergras. Teresa schien sichtlich erleichtert zu sein, sie zu sehen. Sie legte ihr sogar den Arm um die Schulter. „Alles Mist", seufzte sie dann und ließ sich ins Gras fallen.

„Ich hab noch was für dich!", sagte Trudi stolz und zog Anuschka mit einem *Plopp!* auseinander.

„Wo hast du denn die her?" Teresa schob sich genüsslich die Tomaten in den Mund. Trudi steckte die Puppen wieder zusammen und sah gespannt durch den Spiegel. Anuschka und Piroschka guckten etwas sauertöpfisch, schwiegen aber. Klawotschka und Galotschka kletterten niedergeschlagen aus der Rucksackvordertasche. Sie schienen die Verwendung ihrer Schwestern als Vorratsdose gar nicht mitbekommen zu haben, denn Klawotschka räusperte sich ziemlich zerknirscht und sagte: „Ich glaube, wir müssen euch mal was erzählen. Über Tonjetschka.“

27. Kapitel

Tonja ist nicht irgendwie verloren gegangen", sagte Galotschka und wich den Blicken der Mädchen aus. „Sie ist abgehauen."

„Echt jetzt?" Die Mädchen waren fassungslos.

„Ihr habt uns also die ganze Zeit *verarscht*, oder wie?", schrie Trudi. Sie stand auf und kickte wütend ein paar Steine ins Wasser.

„Echt gemein. Ihr habt uns total ausgenutzt! Richtig fies ist –"

„Warum habt ihr es uns denn bloß nicht schon früher erzählt?", fuhr Teresa dazwischen. „Wir haben euch x-mal gefragt. Und ihr – ihr seid uns immer nur ausgewichen!"

„Und überhaupt", meinte Trudi und versenkte einen fußballgroßen Betonbrocken in der Oder, „wie sollen wir sie denn jetzt, bitte schön, eurer Meinung nach finden?"

„Es ... es war uns eben peinlich. Schließlich sind

wir doch eigentlich nur alle zusammen eine richtige Matroschka", meinte Piroschka. „Ich war mir sicher, dass Tonja das bald merken und zurück zum Fellmützenmann kommen würde."

„Wo sollte sie denn auch anders hin?", warf Galotschka ein. „Sie ist und bleibt eine Troschka. Da macht ein Leben alleine gar keinen Sinn!"

„Wenn ihr beide besser aufgepasst hättet, wäre das alles nicht passiert!", fauchte Klawotschka und blickte Anuschka und Piroschka plötzlich vorwurfsvoll an. „Ihr seid nämlich schuld, dass sie weg ist! Ihr habt einfach gepennt und nicht auf sie aufgepasst!"

Die beiden warfen sich einen Blick zu.

„Du weißt ganz genau, dass sie schon immer ein bisschen anders war als wir anderen. Sie hat sich immer nach einem eigenen Leben gesehnt", sagte Piroschka vorsichtig.

Klawotschka runzelte die Stirn. „Was willst du damit sagen?"

„Habt ihr etwa gewusst, dass sie uns verlassen will? Und es uns verschwiegen, ganz still?", fragte Galotschka entsetzt.

Piroschka und Anuschka kramten in ihren Schürzentaschen und sahen zu Boden.

Klawotschka stemmte die Hände in die Hüften und blies die Backen so auf, dass es in ihren Mundwinkeln gefährlich knackte. „Ist es richtig, was mir schwant: All das war von euch geplant?“, brüllte sie los. „Gar nicht heimlich ließ sie uns im Stich? Nur wir zwei Trottel wussten’s nich’?“

Anuschka fing an zu weinen.

„Was hätten wir denn tun sollen?“, meinte Piroschka. „Ihr wisst doch, wie sie ist! Sie macht, was sie will. Wir wollten einfach keinen Streit.“

„Und sie war doch auch immer so unglücklich!“, schluchzte Anuschka. „Wir dachten, dass sie bald zurück ist. Weil sie uns so sehr vermisst!“

„Wie konnten wir denn ahnen, dass der Fellmützenmann so schnell wieder den Stand zusammenpacken würde? Wo er doch noch gar nichts verkauft hatte“, jammerte Piroschka und blickte hilflos in die Runde.

„Wie konnte Tonjetschka eigentlich abhauen?“, fragte Trudi. „War sie denn eigentlich lebendig?“

„Klar war sie das“, meinte Piroschka erstaunt.

„Wie denn?“, wunderte sich Teresa.

„Sind euch gestern nicht die Zähne unseres Verkäufers aufgefallen?“, fragte Anuschka. „Zähne aus spiegelndem Gold!“

„Gewollt hat er möglicherweise nur euer Geld, doch auch er kannte die umgekehrte Welt“, meinte Piroschka.

„Irgendwie alles total sinnlos“, meinte Teresa

leise, „und jetzt sitzen wir hier, auch noch auf der falschen Seite der Oder."

Da fing Trudi plötzlich an zu weinen und sah ihre Schwester entgeistert an. „Wird die Grenze eigentlich nachts abgeschlossen?", fragte sie schniefend.

„Glaube ich nicht", meinte Teresa verzagt. Taschentücher hatten sie keine mit. Sie zerrte einen Pullover aus dem Rucksack und reichte ihn ihrer Schwester. Trudi schlüpfte hinein und wischte ihre Nase am Ärmel ab. „Was sollen wir jetzt machen?", schluchzte sie.

„Sollen wir einfach versuchen, irgendwie zum Bahnhof zu kommen, um nach Hause zu Mama und Papa zu fahren? Bevor es ganz dunkel wird?", antwortete Teresa und schlug nach einer Mücke.

„Sie hat dich schon ausgesaugt", sagte Trudi und zeigte auf den Blutfleck auf ihrem Bein.

„Egal", meinte Teresa.

Sie starrten schweigend übers Wasser und lauschten dem Gesirr der Mücken, die jetzt in Schwärmen erwachten. Die Sonne versank in der Oder und die heraufziehende Abenddämmerung machte aus dem Fluss blaue Tinte.

„Fünf Schwestern, das war gestern", hörten sie Galotschka murmeln. „Ab jetzt sind wir wohl – einfach nur Puppen aus Holz und innen ganz hohl!"

28. Kapitel

Von der anderen Flussseite war plötzlich Hundegebell zu hören. Wild und fröhlich. Kurz darauf kam im schwachen Schein der Brückenbeleuchtung ein Boot in Sicht. Es war ein alter Fischerkahn, den jemand gegen die Strömung quer über den Fluss ruderte.

„Opa!", schrie Trudi. „Guck mal, da sind der olle Erich und Opa Zäck!"

Teresa kniff ungläubig die Augen zusammen. „Du hast recht", sagte sie. Die Mädchen winkten. Der Mann im Boot winkte zurück.

Trudi begann, die Troschkas wieder einzusammeln. Teresa wischte Galotschka mit einem Zipfel ihres T-Shirts kurz über das Gesicht. „Wir kriegen das schon irgendwie wieder hin", flüsterte sie ihr zu und verstaute sie zusammen mit Klawotschka in der Rucksackvordertasche. „Ihr zwei passt da auch noch rein", meinte Trudi und stopfte Piroschka und Anuschka in die Seitentaschen. „So. Ihr müsst euch jetzt alle wieder vertragen", sagte sie leichthin.

Sie liefen ans Wasser. Der olle Erich sprang mit einem Riesensatz aus dem Boot und begrüßte sie schwanzwedelnd. Opa warf ihnen das Tau zu und die Mädchen versuchten, mit all ihren Kräften das Boot zu halten, damit auch Opa Zäck aussteigen konnte. Er stand einen Augenblick lang ziemlich unschlüssig da, dann holte er tief Luft und brüllte: „Menschenskinder, seid ihr denn von allen guten Geistern verlassen? Ihr könnt doch nicht einfach abhauen! Wenn ich nicht noch den Rasenden Rudi getroffen hätte, wär ich bis nach Frankfurt gerudert. Sogar den alten Aalstecher hab ich dabei und Netze, um euch aus dem Wasser zu fischen!" Er zeigte auf einen langen Holzstiel mit einem großen fünfzinkigen Haken daran. *Ganz schön spitz,* dachte Trudi. Neben dem Stiel lagen noch ein Haufen Fischnetze und ein verblichener Rettungsring mit der Aufschrift *Ilse* im Boot.

„Ohne Bescheid zu sagen!" Er ließ sich halb ächzend, halb seufzend ins Gras sinken, wischte sich den Schweiß von der Stirn. „Kinder, Kinder, was macht ihr denn bloß für Sachen?"

Trudi und Teresa standen da wie zwei begossene Pudel.

„Aber wir mussten doch unbedingt auf den Markt zurück! Wegen der fehlenden Puppe", meinte Trudi dann ziemlich kleinlaut. Plötzlich kam sie sich unfassbar kindisch vor.

„Und, habt ihr sie gefunden?", fragte der Opa und zählte die Puppen durch. „Da fehlt doch immer noch eine", brubbelte er. „Oder?"

Trudi fing an zu heulen, sturzbachartig. Vor Enttäuschung und Müdigkeit und Hunger und einem bisschen schlechtem Gewissen schüttelte es sie geradezu.

„Nunu. Ist ja schon gut", sagte der Opa und strich ihr unbeholfen übers Haar. „Habt ihr denn den Verkäufer nicht gefragt?"

„Es ist nicht mehr der gleiche Verkäufer wie gestern. Obwohl es der gleiche Stand ist", schniefte Teresa. „Er hat gesagt, dass es bei ihm gar keine Troschkas zu kaufen gibt."

„Troschkas?", fragte Opa und sah sie verwundert an.

„Matroschkas, meine ich", verbesserte sich Teresa.

„Sollen wir noch mal zusammen hingehen?"

„Das bringt doch jetzt auch nichts mehr", jammerte Trudi. Aber Opa erhob sich steifbeinig und nahm sie an die Hand. „Na los, komm", sagte er. „Wo ich nun schon mal hier bin."

Er vertäute das Boot an einer der Weiden am Ufer. „Erich, du bleibst hier und passt auf den ollen Kahn auf“, sagte er. Erich sprang zurück ins Boot und ließ sich zufrieden auf dem Fischernetz nieder, den Kopf auf den Rettungsring gebettet. Er wusste, dass sie ohne das Boot nicht verschwinden würden.

29. Kapitel

Auf dem Markt herrschte eine feierabendliche Betriebsamkeit. Hier und da leuchteten Campinglaternen auf den Auslagetischen und im Licht ihrer Stirnlampen konnte man die Verkäufer sehen, die wie fleißige Glühwürmchen ihre Waren zusammenpackten und die Stände für die Nacht schlossen.

„Ihr schon wieder?“, knurrte der Fellmützenmann. Seine Zigarette glomm im Dämmerlicht auf. Er beäugte Opa Zäck misstrauisch. „Bei mir gibt’s aber keinen Seniorenrabatt.“

„Wo haben Sie denn die Matroschkapuppen?“, fragte Opa und versuchte, höflich zu bleiben, obwohl hinter seiner Stirn bereits dunkle Wolken aufzogen. „Vielleicht könnten Sie ja freundlicherweise noch mal gucken, ob sich nicht doch irgendwo die einzelne kleine Puppe verirrt hat, die die Mädchen so vermissen.“

„Teufel noch mal, kann ich nich'“, schnarrte der Verkäufer, „will ich auch nich'. Weil ich hier nämlich keine Matroschkapuppen verkaufe. *Njet Matrioschki! Panimajesch?* Das hab ich den beiden da auch schon gesagt. Und was die angeblich gestern mit meinem sogenannten Kollegen für einen Deal hatten, interessiert mich nicht. Der war bloß zur Aushilfe da und sollte eigentlich nur meine Sachen hier verkaufen: historische Waren, Zeitgeist. Ich könnte Ihnen da so einiges besorgen, wenn Sie verstehen, was ich meine“, sagte er in listigem Ton. „Bei mir gibt's alles, nur kein Kinderspielzeug.“

„Wo ist denn Ihr Kollege jetzt?“, fragte Opa Zäck, dem deutlich anzumerken war, wie ihm der Fellmützenmann missfiel.

Der braucht beim Rauchen gar nicht den Mund zu öffnen, dachte Trudi und beobachtete fasziniert, wie der Fellmützenmann den Zigarettenqualm einfach durch seine Zahnlücken blies.

Sogar das Sprechen ging bei geschlossenem Restgebiss. „Weiß ich doch nicht“, zischte der Mann. „Zurück nach Russland, oder hinter welchem Ofen er auch immer hervorgekrochen ist. Ich hatte ihn nur für den einen Tag hier angeheuert. Hatte wichtige Geschäfte gestern.“ Er grinste breit.

Opa legte den Mädels die Arme um die Schultern und schob sie weiter. „Das ist ein ganz mieser Kerl“, sagte er, „mit dem sollte man sich auf keinen Fall einlassen."

„Und die fehlende Troschkapuppe?", fragte Trudi.

„Kindchen, wenn es dir so wichtig ist, versuche ich dir morgen irgendwie eine passende zu schnitzen."

„Aber Tonjetschka ist Tonjetschka, und du kriegst sie bestimmt nicht so hin, wie sie war."

Opa sah sie aufmerksam an. „Aber sie sehen doch alle gleich aus. Außerdem weißt du doch auch gar nicht, wie sie war."

„Ja, aber die anderen Troschkas doch", meinte Trudi entrüstet.

Opa Zäck seufzte. „Vielleicht findet ja Oma auch ihre alte Matroschkapuppe wieder. Im Wohnzimmerschrank ist so viel alter Krams von ihr ..."

„Das geht nun gar nicht", erwiderte Trudi. „Selbst wenn sie sie findet – wir können doch denen dann nicht einfach eine Schwester wegnehmen!"

„Was für eine Schwester? Wem wegnehmen?", fragte Opa. „Wovon redest du eigentlich?"

„Ach egal", sagte Trudi matt.

„Sie würde auch bestimmt nicht passen. Schließlich sind alle Matroschkas Einzelanfertigungen", erklärte Teresa und schnitt Trudi eine Du-bist-soo-doof-Grimasse.

30. Kapitel

Hallo Meister!“, rief plötzlich jemand von hinten. Sie drehten sich um. „Der Schnitzelkönig“, murmelte Opa Zäck und klang irgendwie erleichert.

„So spät noch auf Schnäppchenjagd?“, lachte ein dicker Mann mit fleckiger Schürze. Sein Bauch war so kugelrund wie sein kahler Schädel, den nur noch ein flaumiger, rötlicher Haarkranz säumte. Er winkte sie zu sich. „Hier, Meister, kriegste für'n absoluten Sonderpreis.“ Der Mann zeigte auf eine riesige Bratenplatte mit einem Berg von Schnitzeln. „Die kann ich morgen nicht mehr verkaufen“, sagte er, „sind schon von vorgestern. Schmecken aber noch.“ Mit einem Grillspieß angelte er sich ein Schnitzel und reichte es Opa. „Probier mal.“ Während Opa kaute, wandte der dicke Mann sich an die Mädchen und sagte: „Hübsche Matroschkapuppen habt ihr da. So schön bemalt habe ich sie noch nie gesehen.“ Dann sah er Opa erwartungsvoll an. „Und?“

„Gib mir mal für zehn Euro“, sagte Opa und zählte mit, als der Schnitzelkönig ihnen die schönsten Schnitzel auf einen Pappteller schichtete und in Folie einwickelte. „Da gibt’s dann aber noch zweimal Fanta und ’nen Bier dazu“, meinte er.

„Und Ketchup und Senf“, sagte Trudi.

Der Schnitzelkönig reichte ihnen den Beutel und grinste: „Wie sagt man: Schlaue Füchse! Die ganze Familie, was?“

Sie gingen zurück zum Fluss. Auf dem Markt war es still und seltsam leer geworden. *Der Fellmützenmann ist auch weg*, dachte Trudi.

Zum Picknicken setzten sie sich ans Ufer. Kalte Fanta und lauwarme Schnitzel aus der Hand. Trudi seufzte. Opa Zäck konnte doch ganz nett sein. *Eigentlich ist es der perfekte Sommerferienabend*, dachte sie. *Wenn Tonjetschka wieder da wäre.*

„Also, Mädels“, sagte Opa Zäck und unterdrückte einen zufriedenen Rülpser. „Oma wird inzwischen bestimmt schon zu Hause sein und sich fragen, wo wir sind. Wir sagen ihr einfach, dass wir zu faul waren, uns was zu essen zu machen, und deshalb zum Markt gerudert sind. Um uns Schnitzel zu holen und mit dem Boot eine Mondscheinfahrt auf der Oder zu machen, ja? Von eurem privaten Wandertag erzählen wir ihr lieber nichts.

Das bleibt unter uns, ok? Sonst regt sie sich nur unnötig auf."

Die Mädchen nickten. „Und wir wollten ja auch noch die fehlende Troschka suchen", ergänzte Teresa.

Trudi betrachtete Opa Zäck. *Er redet plötzlich so viel,* dachte sie. *Hat er vielleicht doch ein bisschen Ähnlichkeit mit Papa?*

„Kann ich mal den Rucksack haben?", fragte sie dann.

Teresa sah zu, wie Trudi die Troschkas aus der Tasche nahm und sie nebeneinander ins Gras setzte.

Sie griff nach dem Klettspiegel und suchte fragend Teresas Blick. Teresa nickte. Trudi holte tief Luft und sagte: „Opa, kannst du dich mal neben uns setzen? Wir wollen dir etwas zeigen."

31. Kapitel

Eng nebeneinander saßen sie am Flussufer und starrten in den Klettspiegel, als würden sie damit ein Selfie machen wollen. Es war schon fast zu dunkel, um etwas in dem kleinen Spiegel zu erkennen, aber die hellen Gesichter der vier Troschkas leuchteten ihnen entgegen. Opa guckte ein wenig verwirrt.

Oh Mist!, dachte Trudi. *Er hat seine Lesebrille nicht dabei!*

„Sie sind also dieser Opa Zäck?", sagte Klawotschka ein wenig steif. Galotschka stieß sie in die Seite. „Vielleicht sollten wir uns kurz noch mal vorstellen? Und sagen, wer wir sind?"

Piroschka lächelte: „Sonst denkt der Opa noch, er spinnt."

Doch Gerhard grinste nur. Er drehte sich um und sagte: „Ist zwar schon ewig her aus meiner Sicht, doch so was vergisst man ja sein Lebtag nicht. Kennt ihr vielleicht Bastis alten Winnetou? Aus Plastik? Mit Pfeil und Bogen und etwa so groß wie du?“ Er drehte sich um und deutete auf Galotschka.

„Basti?“, unterbrach Trudi ihn. „Papa heißt doch Basti!“

Aber Opa hatte nicht zugehört, pflückte ein Gänseblümchen und reichte es Galotschka. „Mensch, hat unser Junge damals den Kerl vermisst! Wisst ihr eventuell, wo er geblieben ist?“

„Wir sind hier nicht vom Fundbüro für verloren gegangene Spielsachen amerikanischer Abstammung“, brummelte die Klawotschka. „Wir haben genug mit unsereins zu tun.“

„Mann, Klawotschka, können wir das Kriegsbeil nicht begraben?“, meinte Piroschka. „Was hätte es geändert, wenn wir euch von Tonjas Plan was erzählt hätten? Sie wäre doch trotzdem abgehauen.“

„Vielleicht hätte ich sie ja doch überzeugen können, irgendwie", murmelte Klawotschka.

„Ach was, Schwesterlein", meinte Galotschka. „Du weißt doch, wie stur sie ist."

Trudi musterte Opa Zäck. „*Du* weißt also Bescheid, wie das mit der umgekehrten Welt funktioniert?", stellte sie fest. Opa nickte. „Euer Vater hat mich eingeweiht, damals, als sein Lieblingsindianer fort war. Leider haben wir ihn nicht wiedergefunden."

„Wo bleiben Spielsachen bloß, wenn sie verschwinden?", fragte sich Trudi. „Liegen die einfach irgendwo herum und keiner sieht sie? Teresa? Hörst du mir überhaupt zu?"

„Hmm?", machte Teresa. Sie hatte Anuschka auf dem Knie und zupfte ihr versonnen Grassamen aus dem Haar.

Sie sieht ganz schön müde aus, dachte Trudi.

„Könnten wir Tonjetschka nicht noch irgendwo eine Nachricht hinterlassen? Einen Zettel aufhängen?", fuhr sie fort. „Falls sie hier doch wieder auftaucht? Hast du noch irgendwelches Papier?"

Teresa schüttelte den Kopf.

„Aber Kinder, das hat doch bis morgen Zeit, lasst uns jetzt mal nach Hause fahren", mischte sich Opa ein.

„Wir könnten ja zu Hause richtige Flugblätter

mit einer Suchmeldung machen und sie dann auf dem Markt an die Leute verteilen und an den Buden aufhängen", schlug Trudi vor.

„Zu Hause?", flüsterte Teresa. „Wie meinst du das?"

Trudi holte tief Luft und beugte sich zu Teresa vor. „Ich meine bei den Zäcks", sagte sie leise. „Oder?"

„Ok", antwortete Teresa.

„Und wir schreiben die Zettel in normaler und in Spiegelschrift", sagte Trudi eifrig, „damit Tonja es auf jeden Fall lesen kann. Auch wenn sie nicht lebendig ist."

32. Kapitel

Die Mädchen kuschelten sich nebeneinander auf die Rückbank des Bootes, denn der olle Erich war ganz selbstverständlich vorne am Bug geblieben, als wäre dort sein Stammplatz.

Opa gab dem knarrenden Holzkahn einen Schubs und sie glitten in die nachtblaue Tinte hinaus. Der Mond schien hell.

„Genau richtig heute“, meinte Opa und zerteilte mit jedem Ruderschlag den Mond für einen Augenblick in eine Unzahl leuchtender kleiner Sprenkel auf dem Wasser. „Das sind die Laternen der Odernixe“, sagte er.

„Opa“, sagte Trudi streng, „das ist der Mond, der sich im Wasser spiegelt.“

„Du bist dir da so sicher?“, fragte er lächelnd. „Du Holzpuppenverzauberin?“

Die Troschkas kicherten.

„Ich find’s schön“, sagte Teresa.

Trudi sah ihren Großvater grübelnd an. „Gab es, als du klein warst, eigentlich die umgekehrte Welt auch schon?“, fragte sie.

„Es wird sie bestimmt gegeben haben, aber ich kannte sie nicht“, meinte Opa Zäck, „damals nach dem Krieg gab es nicht viel Spielzeug.“ Plötzlich guckte er ganz versonnen. „Oder doch?“

Die beiden Mädchen sahen ihn neugierig an.

„Aber ich hatte etwas anderes“, sagte er stolz.

„Ja?“, hakte Teresa nach.

„Ich hatte einen unsichtbaren Freund.“ Die beiden Mädchen sahen ihn an. „Nur ich konnte ihn sehen. Und mein Freund Max.“

„Und wie hieß er?“, fragte Trudi.

„Ich nannte ihn Johnny T. T wie Tarzan. Er war ein Findelkind, das allein in der Wildnis aufgewachsen ist.“

„Vielleicht kam er ja auch aus der umgekehrten Welt“, sagte Anuschka, „nur von einer anderen Stelle.“

„Mit Sicherheit“, sagte Trudi. „Findelkinder gibt’s doch in Wirklichkeit nicht.“

„Und was ist mit Johnny T. passiert?“, fragte Teresa.

„Irgendwann war er nicht mehr da“, meinte Opa und klang etwas zerknirscht. „Ich hab ihn wohl vergessen.“

„Wuff!“, machte Erich plötzlich und schnüffelte mit lang gezogener Schnauze in die Nacht.

„Da ist irgendwas in den Büschen“, flüsterte Trudi und suchte das Ufer ab.

„Das wird irgendein Nachtreiher sein oder einer dieser verflixten Biber“, meinte Opa.

„Fahr mal näher ran“, sagte Trudi, „bitte!“

Erich knurrte. Opa drehte bei und rief: „Ach, Kinder, guckt mal! Kennt ihr unsern Elch schon?“

„Ja, ja“, antwortete Trudi. „Der Deichgraf.“

Piroschka sagte: „Vom Boot sieht er viel sympathischer aus.“

„Vielleicht, weil er bis zum Bauch im Wasser steht“, meinte Galotschka.

„Ein Traum für jeden Jäger“, seufzte Opa, „schade, dass ich nur Angler bin.“

Plötzlich und unerwartet ließ sich der Elch mit einer großen Welle ins Wasser gleiten.

„Er traut sich!“, schrie Trudi begeistert. „Er traut sich und schwimmt rüber zu seiner Liebsten!“

Wie ein riesiger Ozeandampfer durchschnitt der Koloss majestätisch das dunkle Wasser. Als hätte er nie etwas anderes getan.

Die Troschkas klammerten sich an das schaukelnde Boot. „Was solch ein Tier für Kräfte in sich birgt!“, meinte Galotschka beeindruckt.

„Guckt mal, da schwimmt noch was“, sagte

Teresa plötzlich und zeigte Richtung Ufer. Im Fahrwasser des Elches trieb etwas Dunkles durch die kleinen Wellen der Dünung.

„Eine Flaschenpost!“, rief Trudi. „Schnell, wir brauchen das Aaldingsbums!“

„Das ist doch nur irgendein Stück Holz“, meinte Opa Zäck.

„Irgendein Stück Holz?“, schrie Klawotschka ganz außer sich. „Nein! Das ist Tonja!“

„Das kann nicht sein,“ meinte Galotschka und schob sich ihr Kopftuch aus der Stirn, als hätte sie dort ein drittes Auge. „Klawotschka, du bist doch kurzsichtig!“

„Aber was sie sagt, ist wirklich richtig!“, fuhr Piroschka dazwischen. Wieselflink kletterte sie auf Teresas Schulter und schwenkte ihre Arme. „Tonja!!! Hier sind wir, alle deine Schwestern vier!“

33. Kapitel

Das gibt's doch nicht!", stammelte Trudi.

Das Holzding im Wasser schien tatsächlich zu winken!

Sie beugte sich vor und starrte ungläubig in den Fluss. Galotschka balancierte inzwischen bedenklich schwankend auf dem schmalen Bootsrand entlang und kommandierte: „Alles klarmachen zum Entern!"

„Stopp!", brüllte Opa Zäck. „Wollt ihr, dass wir kentern? Alle Mann sofort zurück!"

Das Boot hatte deutlich Schlagseite bekommen.

„He, was soll denn das? Ich werd ja ganz nass!", rief Galotschka und ruderte wie wild mit ihren kurzen, dicken Armen in der Luft. Trudi bekam sie im letzten Moment am Zipfel ihres Kopftuchs zu fassen. Wasser schwappte ins Boot.

„Wir sinken und ertrinken!", schrie Klawotschka hysterisch. „Wie auf der Titanic!"

„Ruhe!“, donnerte Opa Zäck. „Absolute Ruhe!“ Er sah die Troschkas streng an und Galotschka murrte: „Seit wann sind wir still, wenn ein Mann es will?“

Piroschka stieß sie in die Seite und flüsterte: „Hab dieses Mal ein Einsehn, der Mann ist schließlich Kapitän.“

„Aber“, stammelte Anuschka aufgeregt „aber jetzt tut doch endlich was – Tonja treibt immer weiter ab!“

„Psst!“, zischte Teresa.

„Also Mädels“, sagte Opa. „Wir müssen irgendwie das Wasser aus dem Boot kriegen und gleichzeitig auf Kurs bleiben. Dummerweise hab ich den Eimer zum Schippen vorhin am Ufer liegen gelassen. Guckt mal, ob in der Kiste unter euch vielleicht noch eine Büchse mit Angelködern ist.“

„Da sind nur Spinnen drin“, schauderte Trudi und knallte den Deckel wieder zu. Angeekelt wischte sie die Reste eines klebrigen Spinnennetzes am Bootsrand ab.

Anuschka räusperte sich: „Man muss im Leben auch mal Kompromisse machen. Außerdem“, sagte sie und sah ihre Schwestern durchdringend an, „hab ich damit kein Problem.“ Und dann lockerte sie quietschend ihren Saum.

Galotschka nickte. „Wir beugen uns dem Gebot

der außerplanmäßigen Not", verkündete sie staatsmännisch. Piroschka und Klawotschka nahmen das Oberteil von Anuschka ab und reichten es feierlich an Teresa weiter. „Zum Schöpfen", sagte Klawotschka zerknirscht. Ihre kleine Schwester verbeugte sich. „Gestatten, wir springen über unsern Schatten."

„Danke!" Teresa war sprachlos.

„Aber pass auf, dass du sie bloß nicht zerkratzt", grummelte Klawotschka.

Piroschka trat zu Trudi. „Ich bin im Augenblick die Nächstgrößere. Du kannst über mich verfügen. Viel Vergnügen."

„Immer kriegt Teresa die Bessere", murrte Trudi.

„Hilf mir lieber", knurrte Teresa. Sie drückte Trudi die halbe Anuschka in die Hand. „Da hast du sie! Und jetzt mach wenigstens mit!" Vorsichtig nahm Teresa Piroschkas Oberteil ab und schöpfte weiter das Wasser aus dem Boot.

„Na, ihr seid aber zickig", bemerkte Klawotschka. „In solchen Notlagen muss man sich doch vertragen."

„Das musst du gerade sagen", meinten Trudi und Teresa gleichzeitig und mussten grinsen.

„Komm", sagte Galotschka und zog Klawotschka mit sich. „Wir sagen dem Käpten, wo 's langgeht. Ab ins Heck zu Opa Zäck."

„Bug heißt das", murmelte Opa.

Die beiden stellten sich in die Spitze des Bootes und versuchten den rückwärts rudernden Opa über den Fluss zu dirigieren. Tonja war inzwischen nur noch ein Stecknadelkopf in der Ferne, sodass sich Opa Zäck mächtig in die Riemen legen musste. „Glücklicherweise ist die Strömung ja mit uns“, ächzte er, „und heimwärts geht es außerdem.“

„Mehr nach links!“, rief Galotschka. „Nein, so nicht! Das andere links!“

„Also wie denn jetzt?“, schimpfte Opa Zäck und drehte sich um.

„Steuerbord,“ sagte er kopfschüttelnd zu sich. „Holzköppe.“

„Tonjetschkaaa! Alles klar?“

„Galotsch ..., bist du ... s?“, schwappten ein paar kaum wahrnehmbare Wortfetzen ins Boot. „... die anderen ... bei dir?“

„Ja, wir sind alle hier!“, schrie Klawotschka.

„Alle versammelt auf diesem wackren Boot“, jubelte Galotschka, „Schwesterlein Tonja zu retten aus der Not.“

„Wir fangen sie am besten mit dem Netz ein, die Strömung ist zu stark“, unterbrach Opa sie. „Teresa, du musst gleich die Ruder übernehmen, damit ich das Netz auswerfen kann.“

„Immer darf die“, murrte Trudi.

„Darauf kommt's jetzt nicht an", meinte Klawotschka streng. „Alleine schafft's keine. Jetzt gilt: Zusammenhalten wie Kletten, um Tonjetschka zu retten!"

„Kannst du uns erst mal wieder zusammenstecken?", meinte das Oberteil von Anuschka zu Trudi. „Dann können wir auch besser zusammenhalten."

Teresa gab ihr Bestes, um den Kahn ruhig im Wasser zu halten. „Näher ran!", rief Opa, der schwankend mit dem schweren Netz im Boot stand.

„Zäcki, du kriegst sie!", spornten die Troschkas Opa an. „Zäcki, Zäcki, das vergessen wir dir nie!"

„Alle festhalten!" Mit einem Riesenschwung schleuderte Opa Zäck das Netz ins Wasser. Das Boot machte einen Riesensatz und klatschte auf die Wasseroberfläche. Alles flog durcheinander. „Aua!", stöhnte Trudi und rieb sich ihren schmerzenden Ellenbogen. „Dieser blöde Aalstecher! Ich blute!"

„Hund über Bord!", rief Galotschka.

„Erich!", schrie Teresa panisch. „Erich ist ins Wasser gefallen!"

Erich hatte als Einziger nicht aufgepasst, sondern brav auf einer Ecke des Netzes gehockt und dem ganzen Treiben zugesehen. Opa hatte ihn beim Netzauswerfen einfach mitgerissen.

Schnaufend paddelte er im Wasser. Nach Seepferdchen sah es nicht gerade aus.

„Wir müssen ihn retten!“, rief Trudi.

„Den nassen Hund kriegen wir nicht zurück ins Boot, keine Chance“, sagte Opa. „Der ist schwer wie Blei.“

„Aber dann wird er ertrinken!“, heulte Teresa.

„Ach i wo“, sagte Opa und versuchte ruhig zu klingen. „Er ist ein guter Schwimmer. Das ist nicht das erste Mal, dass er aus dem Boot gefallen ist. Schwimm nach Hause, Erich!“, rief er dem Hund zu. „Zu Mutti, los, ab!“

Erich schien verstanden zu haben. Er versuchte das Ufer anzusteuern, doch die Strömung war stark. Rasch trieb er flussabwärts.

„Wenn er Glück hat, kommt er direkt bei uns raus,“ sagte Opa Zäck und schluckte. Dann holte er das Netz ein. „Na, dann wollen wir mal nach unserer Ausbeute schauen!“

34. Kapitel

Tonjetschka sah bemitleidenswert aus. In ihren Haaren klebten Wasserpest und Entengrütze. Sie war aufgedunsen und blass und an manchen Stellen platzte der Lack ab, als hätte sie eine üble Hautkrankheit. Die anderen Troschkas umringten sie, nahmen sie in die Arme, zupften ihr die Wasserpflanzen aus den Haaren und versuchten sie mit ihren eigenen Schürzen zu trocknen, so gut es ging. Sie schnatterten alle durcheinander.

„Uns einfach so mir nichts dir nichts zu verlassen!"

„Das könnte dir so passen!"

„Was wolltest du ohne uns tun, du treuloses Huhn?"

Tonjetschka guckte wie ein begossener Pudel.

„Ich hatte keinen wirklichen Plan, nichts Großes im Sinn," murmelte sie, „ich wollte einfach nur wissen, wie ich selber bin. Wer von euch vieren kennt sich schon – als Einzelperson?“

Ihre verquollene Stimme glich dem Blubbern eines Fisches. Während sie sprach, perlten Wassertropfen aus allen Ritzen ihres Gesichts. Als würde sie durch das Sprechen ausgequetscht wie ein Schwamm.

„Kapiert ihr das nicht?“, gurgelte sie.

„Ich wollte anders sein als ihr
und diese einmalige Chance bot sich nun hier!
Im Wasser die Farbe abwaschen,
den ganzen Lack aufweichen,
in blass oder naturbraun
würd’ ich keiner anderen gleichen!“

Tonja wrang ihre Schürze aus und wischte sich über das tropfend nasse Gesicht. Ein tiefer Schluchzer entfuhr ihr. „Aber auf einmal ging alles schief:

Ich stand noch am Ufer, schon schwappte
die Welle,
weg war ich, sofort und auf der Stelle.
Und als ich’s kapierte zu meinem Verdruss,
da trieb ich schon mitten auf dem Fluss.
Zuerst sagte ich mir: Egal.
Das Beste draus machen, so ist es nun mal.
Hauptsache, der ganze bunte Plunder verschwindet,

War mir auch wurst, wie ihr Schwestern das
findet!"

„Du siehst aber gar nicht schön aus", sagte Klawotschka. „Und wir waren mal die schönste Matroschka von allen!"

Sie versuchte, ein großes Stück von Tonjas abblätternder Schürze wieder anzudrücken. Tonjetschka riss es einfach ab.

Trudi war fassungslos, Opa stöhnte.

Und Tonjetschka kam richtig in Fahrt:

„Wird jetzt auch niemand mehr du Schöne zu
mir sagen,
so wird mich doch keiner jemals wieder fragen:
Wer von euch vielen bist du bloß?
Für Galotschka scheinst du mir zu groß!
Aber für Anuschka eigentlich zu klein.
Ach nein, ach nein!
So wie *du* aussiehst, kannste ja niemand
anderes als Tonjetschka sein!"

Tonja zerrieb ein Stück Hautfarbe zwischen ihren Fingern und verkündete:

„*Ich* kann jetzt nicht mehr verwechselt werden,
von keinem hier auf dieser Erden!
Bin nun zwar blasser und nasser als euereiner,
aber ich bin ich und gleiche keiner!"

„Ja, mein Fräulein", fauchte Klawotschka, „jetzt hast du große Worte, aber wenn wir dich nicht gerettet hätten, wärst du in irgendeinem Flussarm vermodert."

„Oder irgendwann als Strandgut mitten im Meer auf einer einsamen Sandbank gelandet", fügte Piroschka hinzu.

„Ja, und die Seehunde hätten Zombieball mit dir gespielt", rief Trudi.

„Egal wie alle anderen es sehen", sagte Teresa und sah dabei ihre Schwester an. „Ich kann Tonja gut verstehen."

35. Kapitel

Mädels, nun macht mal halblang," stöhnte Opa Zäck. „Es ist doch alles gut gegangen."

„Aber wie sie jetzt aussieht!", schimpfte Klawotschka wieder. Sie konnte sich einfach nicht beruhigen.

„Hauptsache, wir sind wieder zusammen", sagte Piroschka und sah Tonja bittend an.

„Hört jetzt auf mit dem Gezicke", schimpfte Opa Zäck. „Jede kann doch sein, wie sie will."

Trudi und Teresa guckten ihren Großvater erstaunt an.

Opa Zäck schien es nicht zu bemerken und griff nach den Rudern. Sie hatten sich schon eine ganze Weile flussabwärts einfach nur mit der Strömung treiben lassen. „Ist mir bei meinem Jungen wahrlich auch schwergefallen", murmelte er. „Und hab ich erst ziemlich spät kapiert."

Teresa versuchte Tonja mit einem Taschentuch vorsichtig weiter trocken zu tupfen. Alle waren plötzlich so still. Nur das Knarzen der Ruder war zu hören und das leise Plätschern, wenn sie in das nachtschwarze Wasser eintauchten.

Ich will ja auch immer, dass Teresa und ich gleich aussehn, dachte Trudi und seufzte in sich hinein. *Und das mag Teresa gar nicht. Aber ich mache es doch nur, weil ich so toll sein will wie sie. Weil sie so viel schöner ist als ich und größer und klüger.* Trudi fühlte einen dicken Kloß im Hals, doch sie schluckte ihn schnell hinunter und sagte: „Was ist denn jetzt bloß los? Jetzt haben wir Tonja und alles ist immer noch Mist oder wie? Könnt ihr euch denn nicht alle einfach wieder vertragen?"

„Finde ich auch", meinte Anuschka leise. „Jetzt ist doch alles wieder gut, nicht wahr?"

„Aber", wandte Klawotschka ein und zeigte auf Tonjetschka, „so kann sie doch nicht bleiben! Wie sieht das denn aus!"

„Das kann dir doch egal sein", knurrte Tonja trotzig. „Hauptsache, ich bin nicht so wie du!"

Opa Zäck hielt inne und ließ die Ruder sinken. „Mit euch kann man ja echt was erleben", stöhnte er. „So was ist mir in den ganzen letzten Jahren nicht passiert. Oder eigentlich nicht, seit Winnetou weg ist."

„Vielleicht finden wir ihn ja wieder“, meinte Piroschka lächelnd.

„Is’ schon gut so, wie’s ist“, lachte Opa Zäck, „ihr Holzköppe reicht mir voll und ganz!“

„Also, ich hab da eine Idee“, mischte sich Trudi plötzlich ein. „Opa hat doch eine Werkstatt. Und da könnten wir Tonjetschka wieder neu anmalen. Und zwar“, verkündete sie in strengem Ton an Klawotschka gewandt, „nämlich genauso, wie *sie* es will!“

Teresa sah ihre kleine Schwester bewundernd an. „Das ist ja eine super Idee“, sagte sie. Plötzlich sah Teresa auch überhaupt nicht wie eine große schlaue Schwester aus, fand Trudi, sondern wie ein ziemlich müdes kleines Mädchen, das schon längst im Bett liegen sollte.

„Und was sie anhaben will, kann sie sich selber aussuchen!“, sprudelte es weiter aus Trudi heraus.

Es wurde schnell klar, dass Tonjetschka ziemlich genaue Vorstellungen davon hatte, wie sie aussehen wollte:

„Ich mag auf dem Kopf weder Tuch noch Zopf,
auch keine Schürze nicht mit gelbem Saum.
Doch blaues Zottelhaar, Jeans und Nietengürtel: Das wär mein Traum!“

Die arme Klawotschka schien ihren Ohren nicht zu trauen und guckte, als hätte man sie in eine

Brennholzkiste gesteckt. Schnell legte Anuschka begütigend den Arm um sie.

Opa musterte Tonjetschka kritisch und meinte: „Püppie, was du erst mal brauchst, is' 'ne ordentliche Grundierung. Danach können Gestaltungswünsche geäußert werden."

„Pff", machte Tonjetschka, konnte ein Lächeln aber nicht verbergen.

Galotschka zerrte an Opas Hemdärmel und flüsterte ihm zu: „Ich muss mal 'ne Ansage machen."

Opa nickte ergeben und setzte sie sich auf seinen Kopf. Und während Galotschka sich in Opas zerzaustem Resthaar festhielt, verkündete sie:

„Mit Bergung von Tonjetschka aus verzweifelter
Situation
endet diese erste Matroschka-Mission.
Wahrlich nicht leicht,
doch unser Ziel wurd' erreicht:
Wir alle retteten Tonja vor Fäulnis und Moder –
aus den reißenden Strudeln der Oder!"

36. Kapitel

Und während sie noch alle der kleinen Galotschka applaudierten, sahen sie schon das Blaulicht am westlichen Flussufer. Es schien von mehreren Autos zu kommen.

„Was ist das?“, fragte Trudi beunruhigt.

„Keine Ahnung“, meinte Opa. „Vielleicht hat die Grenzpolizei mal wieder ein paar Schmuggler geschnappt.“ Er nahm Galotschka und reichte sie Trudi, um sich auf seinem Kopf kratzen zu können. „Komisch ist nur, dass es direkt bei uns zu Hause zu sein scheint.“

„Vielleicht haben sie ja auch bei euch eingebrochen!“, meinte Teresa ängstlich.

„Nee, nee, das glaub ich nicht. Jeder weiß doch, dass es bei uns nichts zu holen gibt,“ antwortete Opa nachdenklich.

Als sie sich mit dem Boot näherten, hörten sie Stimmen, die direkt vom Ufer kamen. Plötzlich wurden sie von einem hellen Scheinwerferlicht geblendet. Die Troschkas erstarrten sofort, als eine Stimme übers Wasser schallte: „Herr Kunow, sind Sie das? Sind Ihre Enkelkinder bei Ihnen? Brauchen Sie Hilfe?"

„Ja, ja!", brüllte Opa. „Und neeien! Wir brauchen keine Hilfe!"

Das Megafon knackte und rauschte, die Stimmen waren kaum zu verstehen. Für Trudi klang es wie *Behinderung* und *Staatsgewalt* und *dusseliger Grünschnabel* und *alte Schnepfe,* aber das konnte ja nicht sein, oder?

„Wieso Kunow?", fragte sie und sah Opa verwundert an. „So heißt doch Papa mit Nachnamen Du heißt doch Zäck!"

Plötzlich hörten sie Oma durch das Megafon brüllen: „Gerhard Ferdinand Kunow, hast du völlig den Verstand verloren? Mitten in der Nacht mit den Kindern in einem lecken, alten Kahn auf der Oder herumzujuckeln? Komm du mir nach Hause, Zäck!"

„Frau Zäck, äh, Frau Kunow, nun beruhigen Sie sich doch!" Der andere Mann schien zu versuchen, Oma das Megafon wieder abzunehmen. Ohne Erfolg, denn Omas Stimme schallte weiter durch die Nacht: „Keine Nachricht, wo ihr hin seid! Ans Handy geht ihr auch nicht! Und der Einzige, der nach Hause geschlichen kommt, ist ein nasser Köter!“

„Erich ist wieder da!“, sagte Teresa erleichtert.

Opa legte sich nun mächtig ins Zeug. „Omannomann“, murmelte er.

Am Ufer standen das halbe Dorf, die freiwillige Feuerwehr und der diensthabende Revierpolizist mit der kompletten Mannschaft der Polizeidirektion Ost. Die Kollegen der Wasserschutzpolizei Hohensaaten hievten gerade ihr neues Einsatzmotorboot über den Deich.

„Mensch Hellalein“, sagte Opa, als sie das Ufer erreichten und Dutzende Hände ihnen aus dem alten Kahn halfen, „das is’ ja wie zum Staatsbesuch. Haste da nicht ein bisschen übertrieben?“

„Wie bitte? Was sollte ich denn denken? Über Stunden is’ der olle Kahn verschwunden. Die Schwimmwesten hängen noch im Schuppen, aber Aalstecher, Ilses Rettungsring und die Netze sind weg! Und dann kommt in der Dunkelheit der olle Erich triefend nass und fix und fertig auf den Hof gewankt. Meister, was würdest du denn da denken?“, schimpfte Oma weiter. Der kleine Volksauflauf, den sie verursacht hatte, schien ihr ziemlich egal zu sein. Die meisten zogen sich ohnehin zurück, da es ja nichts Aufregendes mehr zu bestaunen gab. Revierpolizist Vogelsang sprach über Funk mit den Kollegen der polnischen Grenzpolizei. Die Beamten der Wasserschutzpolizei wirkten fast ein bisschen enttäuscht darüber, dass ihr schönes neues Einsatzboot mit dem Riesenaußenbordmotor nicht mehr gebraucht wurde.

„Wir können ja einfach so noch 'ne Runde fahren", schlug Trudi vor.

Revierpolizist Vogelsang räusperte sich. „Wir arbeiten hier pro-fess-io-nell, mein Fräulein, und veranstalten keine Kaffeefahrten. Heute drück ich noch mal ein Auge zu", wandte er sich großmütig an Opa Zäck „und werte das hier als Ernstfallübung für unseren Abschnitt. Der Kinder wegen. Aber mein Lieber, noch einmal nachts auf dem Wasser mit Minderjährigen ohne Schwimmwesten und Bootsbeleuchtung und Sie sind dran. Das gibt eine saftige Geldstrafe ohne weitere Vorwarnung! Da kommen Sie dann nicht mehr drum herum." Er klopfe ihm auf die Schulter und schenkte Oma Zäck einen letzten finsteren Blick. „Los, Leute, Abzug!"

Ein paar Zigaretten glommen noch in der Dunkelheit hier und da, dann waren alle wieder weg. Gelächter hinterm Deich, Mopedgeräusche in der Ferne.

Opa band seinen Kahn an einer der alten Weiden fest. „Na komm, meine Lotusblüte. Sei wieder gut.

Wie wär's denn mit einem kleinen Mitternachtsimbiss?"

Oma Zäck grummelte noch ein bisschen: „Den kannste dir selber machen ..."

Kaum waren sie über den Deich, hörten sie erneut Motorengeknatter.

„Was will der denn nun noch", knurrte Oma und rollte mit den Augen.

„Na, hab ich was verpasst?", schrie der Rasende Rudi schon von Weitem.

Auch der noch, dachte Trudi, *hoffentlich verquatscht er sich nicht und erzählt, dass Teresa und ich alleine auf dem Weg nach drüben zum Markt waren!*

„Nee, nee, allet jut! Nix passiert", brüllte Opa dem schwerhörigen Rudi entgegen und warf einen besorgten Blick auf Oma Zäck. „Wir haben uns bloß ein bisschen verspätet."

„Na, wenn's weiter nichts ist", rief Rudi, „das passiert mir jeden Tag!" Statt wieder umzudrehen, hielt er quietschend vor der kleinen Gesellschaft.

„Musst du nicht deine Kaninchen füttern?", versuchte Trudi ihn abzulenken.

„Ach, ihr kennt den Rudi auch schon?", fragte Oma erstaunt.

„Komm, Oma, wir gehen rein und machen Abendbrot!", versuchte es jetzt auch Teresa. Sie nahm die Hand ihrer Großmutter und zog sie weiter.

„Ich komm demnächst mal wieder bei dir vorbei", schrie Opa Zäck Rudi an. Der nickte zufrieden, dann wendete er sein Moped und brauste in die nachtschwarze Dunkelheit davon.

37. Kapitel

In der Küche sanken sie in die alten Korbstühle, die Tür weit in die warme Sommernacht geöffnet. Erich lag auf der Fußmatte und hatte sie schwanzwedelnd begrüßt, ohne den Kopf zu heben. Sein Fell war immer noch feucht.

Trudi kramte im Rucksack und stellte die Troschkas der Reihe nach auf den Tisch.

„Guck mal, Oma!“, sagte sie triumphierend.

„Habt ihr etwa die fehlende Puppe gefunden? Dann hat sich das ganze Theater ja wenigstens gelohnt. Aber“, fragte Oma und schob sich ihre Brille auf die Nase, „ist das da wirklich die Richtige? Die sieht ja ganz schön schäbig aus.“

„Das ist Tonjetschka“, sagte Trudi.

Oma guckte ein bisschen erstaunt. „Wie kommt ihr denn auf diesen Namen? Hat Opa euch etwa mit seinen Russischkenntnissen beeindruckt? *Druschba* und *spassiba*?“

Die Mädchen verstanden nur Bahnhof. „Und warum ist eure Püppie so nass und aufgequollen?", fuhr Oma Zäck fort. „Vielleicht sollten wir sie ein bisschen in den Ofen zum Trocknen stellen." Sie öffnete die Backofentür. „Ist sogar noch warm."

„Lass mal gut sein, Hella, so eine Troschka ist doch kein Dörrobst", mischte sich Opa Zäck ein. „Nasses Holz muss langsam trocknen, sonst verzieht es sich."

Oma Zäck runzelte die Stirn und seufzte. „Na wenigstens habt *ihr* eure Puppe gefunden. Was war das damals für ein Drama, als euer Vater seinen komischen Plastikindianer verloren hatte und nicht wiederfand."

„Den Winnetou!", rief Trudi.

„Ja genau! So hieß der. Den hatte ihm irgendein Onkel aus dem Westen mitgebracht", sagte Oma Zäck und schob den Mädchen einen Teller mit Keksen hin. Dann sah sie ihren Mann aufmerksam an. „Euer Vater und Opa haben alles Mögliche für ihn gebastelt."

„Geschnitzt", unterbrach sie Opa Zäck. „Ein –"

„Ich hab das nie so richtig kapiert, warum die beiden sich stundenlang mit diesem Winnetou beschäftigen konnten."

„Wo sind denn die Sachen von Winnetou?", fragte Teresa.

„Basti hat alles weggeschmissen, als der Indianer nicht mehr auftauchte."

Trudi sah Teresa an. Die zuckte mit den Schultern.

„Auf dem Fluss war's doch bestimmt kühl", sagte Oma Zäck und stellte einen Milchtopf auf den Herd. Wenig später dampfte eine Tasse Kakao vor Trudis Nase. Sie seufzte und nahm einen Schluck. Sie kuschelte sich in den knarzenden alten Korbstuhl und dann wurde ihr plötzlich so *alles-andere-ist-egal.* Sie sah, wie Erichs Nase anfing zu zucken und sein Schwanz sich langsam hin und her bewegte. *Er träumt bestimmt von Schnitzeln,* dachte sie. *Oder von Salami.* Teresa hatte den Kopf auf die Hand gestützt und puhlte verträumt die Schokoladenstückchen aus den Keksen. Opa war mit seiner Bierflasche in der Hand eingeschlafen. Oma goss sich auch eine Tasse Kakao ein.

Es ist mir egal, ob sie meine Großeltern sind oder nicht, dachte Trudi, *dies sind jedenfalls die besten ersten Sommerferien, die ich je hatte.*

38. Kapitel

Ein Klirren ließ Trudi hochschrecken. Oma war ihre Kakaotasse aus der Hand gefallen.

Da stand doch tatsächlich Papa im Türrahmen!

„Sebastian!“, rief Oma.

„Papa?!“, meinte Trudi erstaunt und sprang vom Stuhl. „Was machst du denn hier?“

Galotschka und Piroschka, die sich mit Klawotschka auf ihrem Schoß zusammengekuschelt hatten, polterten auf den Boden und landeten zwischen den Scherben von Omas Tasse.

Teresa rieb sich verwundert die Augen.

„Oh Mist! Schon wieder die arme Galotschka!“ Trudi rutschte vom Stuhl, um sie aufzuheben. Teresa glitt auch unter den Tisch und flüsterte: „Damit ist jetzt wohl klar, dass Oma und Opa Zäck unsere Großeltern sind, oder?“

Trudi sah sie an und rief: „Ist Mama auch da?“

Etwas verwundert, dass keine prompte Antwort

kam, lugten die Mädchen unter dem Tisch hervor. Hinter ihrem Vater kam der olle Erich in die Küche zurückgetapst und schnüffelte an den Kakaoflecken auf dem Fußboden. Ihr Vater stand einfach nur da und sah müde und abgehetzt aus.

Opa Zäck guckte ziemlich irritiert. „Oh Gott, mein Junge! Ich hab ja ganz vergessen, dich anzurufen, dass sie wieder alle wohlbehalten zurück sind!“, stammelte Oma.

„Wen hast du denn noch alles alarmiert?“, knurrte der Opa. „Steht als Nächstes die Nationale Volksarmee auf dem Hof?“

„Tag, Vater“, sagte Trudis und Teresas Papa steif.

Trudi und Teresa krochen unter dem Tisch hervor. Und da die beiden Männer offensichtlich nicht wussten, was sie miteinander anfangen sollten, umarmten die Mädchen ihren Vater stürmisch – als hätten sie ihn monatelang nicht gesehen. „Und wo ist Mama?“, fragte Teresa.

„Auf der Arbeit“, meinte ihr Vater und versuchte das Handy aus seiner Hosentasche zu ziehen. „Sie hat Nachtdienst. Ich muss ihr als Allererstes eine SMS schreiben, damit sie weiß, dass ihr wieder da seid!“

„Jetzt setz dich doch erst mal hin, Junge, und ruh dich aus!“, meinte Oma und drückte ihn in einen der Korbstühle, während er in sein Handy tippte.

Opa erhob sich und schlurfte zum Kühlschrank, um eine Flasche Bier zu holen. Die Mädchen sahen fasziniert zu, wie er sie geschickt an seiner eigenen Flasche öffnete. „Prost!“, sagte er und reichte sie seinem Sohn. Der nahm sie mit einem Kopfnicken.

Trudi bemerkte zu ihrer Zufriedenheit, dass Papa die Flasche, bevor er sie an seinen Mund setzte, kurz an Opas Flasche klacken ließ. *Bei Männern ist so was ja schon fast wie Hände schütteln,* dachte sie, *oder sich umarmen.*

Papa verzog das Gesicht und griff mit einer Hand hinter sich. Er holte erst Piroschka hervor, dann Galotschka und Klawotschka. „Nanu, wer sind die denn?“ Er stellte sie auf den Tisch neben die Margeriten. „Gehören die zu einer Matroschkapuppe?“

„Papa“, raunte Trudi ihm aufgeregt zu. „Es gibt sie immer noch.“ Sie tippte ihn an und zeigte in Richtung Fensterscheibe.

„Wen?“, fragte ihr Vater und lächelte etwas verdutzt.

Trudi rollte mit den Augen: „Mann, Papa, die umgekehrte Welt“, flüsterte sie. „Die fünfte Di-men-si-on. Opa kennt sie doch auch.“

Der verständnislose Blick ihres Vaters fiel wieder auf die Troschkas, die steif unter den Margeriten auf dem Küchentisch standen.

„Fehlt da nicht eine?“, fragte er und zählte durch.

Trudi guckte in die spiegelnde Fensterscheibe und sah, wie Klawotschka wütend die Hände in die Hüften stemmte. Leise zählte Trudi nach. Ihr Vater hatte recht! In der Spiegelung sah sie, wie Anuschka lächelte und auf ihren Bauch klopfte. Kaum zu erkennen, aber zwei schwarze Knopfaugen linsten durch den Spalt an Anuschkas Bauch.

„Zum Trocknen wäre es aber besser, wenn du rauskommen würdest“, sagte Opa Zäck, der offensichtlich auch in die spiegelnde Fensterscheibe blickte. „Sonst wird das nie was.“

Opa öffnete Anuschka und stellte Tonjetschka neben ihre Schwestern. „Alle da“, murmelte er.

„Was nuschelst du da, Gerhard? Dein wievieltes Bier ist das denn eigentlich schon?“, meinte Oma Zäck etwas grimmig und stellte Tonjetschka auf ein rosa Schwammtuch. „Die tropft ja richtig.“

Trudi konnte in der spiegelnden Fensterscheibe sehen, wie Tonjetschka versuchte, vor Oma Zäck einen höflichen Knicks zu machen. Das Flusswasser drückte sich aus all ihren Poren und rann ihr die Waden herunter, sodass sich eine kleine Pfütze um ihre Füße bildete. *Oma kapiert ja gar nichts,* dachte Trudi. *Für die ist Tonja nur eine olle Holzpuppe.*

Auch Trudis und Teresas Vater sah immer noch ziemlich verwirrt aus. „Könnte mir vielleicht einer kurz erklären, was hier eigentlich los gewesen ist?" Er sah seinen Vater auffordernd an. Oma Zäck schob ihrem Sohn einen Teller mit Wurststullen vor die Nase.

„Nun ja", sagte Opa Zäck.

„Also", begann Trudi und holte tief Luft. „Es fing damit an, dass wir uns im Zug eine Cola gekauft haben. Weil wir endlich auch mal eine trinken wollten."

„Cola?", fragte Papa und seine Stimme bekam einen spitzen Hauch.

„Äähh, nun ja", wiederholte Opa und tippte Trudi auf die Schulter, „vielleicht reicht zu dieser fortgeschrittenen Stunde auch eine Kurzfassung?"

„Vater? Könnte ich das vielleicht von dir hören?"

Teresa wollte einspringen, doch Trudi meldete sich wie in der Schule und schnippte wild mit den Fingern. „Ich, ich, ich, lass mich! Ich kann's sogar gereimt!" Sie sah die Troschkas an, holte tief Luft und erklärte:

„Zur Erinnerung an unsere ersten Ferien hier,
kauften wir uns in Polen 'ne Matroschka als
Souvenir."

„Lernt ihr so was heutzutage in der Schule?", unterbrach ihr Vater sie verblüfft. „Ich hätte in diesem Fall aber lieber Klartext."

Trudi guckte ein bisschen beleidigt. „Und dann

haben wir aber gemerkt, dass eine Troschka fehlt“, fuhr sie fort und grinste im nächsten Augenblick wieder, weil ihr noch ein Reim eingefallen war:

„Es waren statt fünf nämlich nur vier,
drum gingen wir auf die Suche nach ihr!
Opa war bei uns, das war total herrlich,
zusammen mit ihm auch gar nicht gefährlich,
so übern Deich, durch ’n Fluss, mit ’m Boot und zu Fuß –“

Trudis und Teresas Vater schien offensichtlich immer noch nicht richtig überzeugt zu sein, und so sagte Teresa schließlich: „Also, wir haben uns von unserem Taschengeld eine Matroschka gekauft, drüben auf dem Markt, aber sie war ein Sonderangebot und eine der Troschkas hat gefehlt. Und das haben wir natürlich nicht gleich gemerkt“, erklärte sie.

Trudi kniff ihre Schwester in den Arm und rief: „Eine Matroschka muss immer vollständig sein, sonst ist sie nämlich gar keine.“

„Jetzt lass mich aber auch mal ausreden.“ Teresa funkelte ihre Schwester wütend an. „Als wir nach dem Essen noch mal zu dem Stand gelaufen sind, war der Verkäufer schon weg. Und deshalb wollten wir eben heute noch mal nach ihr suchen gehen. Oma konnte aber nicht mit, weil sie andere wichtige Sachen zu erledigen hatte. Aber Opa hat uns geholfen, und weil der Trabi kaputt ist, hat es ein bisschen länger gedauert, und das wusste Oma ja nicht. Also das mit dem kaputten Trabi schon, aber das andere nicht. Und ich habe gestern vergessen, das alte Handy von Mama aufzuladen, und deshalb konnten wir nicht anrufen."

Trudi gähnte.

„Vielleicht sollten wir für heute lieber Schluss machen und schlafen gehen. Junge, du kannst ja auch kaum mehr die Augen aufhalten. Morgen ist doch auch noch ein Tag", sagte Oma Zäck zu ihrem Sohn.

„Papa kann oben bei uns schlafen", meinte Trudi, „in dem Bett ist genug Platz für uns alle."

„Ist wahrscheinlich das Einfachste", seufzte Papa. „Obwohl ich eigentlich heute noch zurückfahren müsste, wenn ich morgen früh pünktlich im Büro sein will."

Trudi und Teresa sammelten die Troschkas ein und die drei schlurften die Treppe hinauf. Papa sah sich in der Dachkammer um. „Is' ja richtig nett hier bei euch."

Trudi war ein wenig verwundert, ließ sich aber nichts anmerken und legte Anuschka und Tonjetschka auf ihr Kopfkissen.

„Die Puppen stellt ihr aber am besten auf die Fensterbank", sagte Papa. „Die sind ja ganz schön hart. Es macht denen bestimmt nichts aus, im Stehen zu schlafen.“

Papa hat das mit den Troschkas aber noch nicht kapiert, dachte Trudi ein wenig enttäuscht. *Hat er die umgekehrte Welt vergessen, als sein Winnetou weg war?*

39. Kapitel

Es schien Trudi, als sei sie gerade erst eingeschlafen, als sie von Teresas Getrampel auf der Treppe wach wurde. Von draußen schien die Morgensonne ins Fenster und die Troschkas standen komischerweise brav nebeneinander aufgereiht auf der Fensterbank. Trudi rutschte aus dem Bett und sah in den Türspiegel. Die Troschkas hatten alle noch die Augen geschlossen und schienen leise zu schnarchen. „Wir schlafen gerne im Stehen", knarrte Klawotschka, als sie merkte, dass Trudi sie ansah. „Wie unsere Freunde, die Elche."

Teresa stürmte in die Kammer und zog ihre Schwester am Arm. Auch sie war noch im Nachthemd. „Nimm Galotschka und Klawotschka und komm schnell mit runter", sagte sie, „die anderen sitzen schon beim Frühstück." Teresa schnappte sich die anderen drei Troschkas und polterte mit ihnen die Treppe hinunter.

Trudi verstand nicht, warum Teresa es so furchtbar eilig hatte. Verschlafen tapste sie hinter ihrer Schwester her.

Die Erwachsenen schauten ihr lächelnd entgegen, als sie im Garten erschien, doch irgendwie wirkte ihre Fröhlichkeit etwas gezwungen. Teresa machte ein ernstes Gesicht.

Wer ist denn jetzt schon wieder weg?, dachte Trudi.

„Vielleicht ist es doch zu viel für euch, mit den beiden Wirbelwinden allein hier draußen", hörte sie ihren Vater sagen und war mit einem Schlag hellwach. „Ich glaube, ich sollte sie besser wieder mitnehmen."

„Aber es ist doch am Ende alles gut gegangen", sagte Oma. „Ich hab da gestern wohl ein bisschen überreagiert."

Ihr Vater schüttelte den Kopf. „Und vielleicht ist es auch von den beiden Mädchen noch zu viel verlangt, so lange Zugfahrten alleine zu meistern", setzte er fort.

„Nur weil wir uns diese blöde Cola gekauft haben?", schrie Trudi. „Da hat man einmal in seinem Leben schöne Ferien! Und jetzt das!"

„Ist es, weil wir gestern nicht ans Handy gegangen sind?", fragte Teresa zerknirscht. „Ich hatte einfach nicht dran gedacht, es aufzuladen! Aber ich mache es jetzt gleich! Bitte, Papa, können wir nicht noch ein bisschen hierbleiben?"

Ihr Vater seufzte. „Ich muss doch heute arbeiten und komme sowieso schon viel zu spät."

„Nein, ich meine, noch länger, nur ich und Trudi. Richtig lange."

Ihr Vater guckte zweifelnd.

„Sie können so lange hierbleiben, wie sie wollen. Wir werden sie dann mit dem Auto zurück zu euch in die Stadt bringen", sagte Opa Zäck. „Hella und ich."

Oma Zäck war sprachlos. „Ich dachte, du fährst hier nicht weg. Du verlässt doch deine Scholle schon seit Jahren nicht mehr!", sagte Basti. „Außerdem ist euer Auto kaputt."

„Rudi kommt nachher und schleppt es ab. Wir bringen es zu Brodthofer in die Werkstatt", knurrte Opa.

Oma schien ihren Ohren nicht zu trauen, sie sah aus, als hätte sie gerade ein Preisausschreiben für eine Fünf-Sterne-Luxus-Kreuzfahrt gewonnen. „Ach Gerhard", stotterte sie.

„Und unsere Zugfahrkarten können wir zurückgeben, und von dem Geld kann Opa dann den Trabi reparieren lassen. So können wir die ganzen Ferien hierbleiben!", rief Trudi.

„Wollt ihr denn nicht mit uns in den Urlaub

fahren? Wir wollten doch in den Alpen wandern gehen!", sagte Papa.

„Ihr könnt doch auch hierherkommen", meinte Teresa.

„Und euch ein Zelt im Garten aufbauen", unterbrach Trudi sie. „Oder ihr macht mal Urlaub ohne Kinder."

„So ganz romantisch zu zweit", lächelte Teresa und legte den Arm um ihren Vater. „Davon redet Mama doch schon lange."

„Da bin ich wohl überstimmt", seufzte ihr Vater. Er sah auf die Uhr und stand auf. „Mensch, Leute, ich muss los!"

„Ich schmier dir schnell ein paar Stullen, falls du in den Stau kommst", sagte Oma und flitzte in die Küche.

„Und wir pflücken dir noch ein paar Erdbeeren", riefen die Mädchen und rannten los.

Am Obstgarten angelangt, stieß Teresa Trudi in die Seite. „Guck mal!"

Trudi drehte sich um und sah, wie Opa Papa auf die Schulter klopfte, *nicht sehr doll* und etwas zögerlich. Papa tat zwar so, als würde er es nicht bemerken, aber er wich auch nicht aus. *Na also*, dachte Trudi. *Es wird.*

Teresas und Trudis Vater hatte das Auto vor der zugewucherten Toreinfahrt stehen lassen.

„Also ich meld mich dann noch mal“, sagte er zu seinen Eltern und „Tschüss, ihr Süßen!“ zu den Mädchen. Er sah Teresa an: „Und lad das Handy auf!“

Als ihr Vater um die Ecke bog, fiel es Trudi wieder ein. *Ich muss ihn noch was fragen,* schoss es ihr durch den Kopf, und sie rannte hinter dem Auto her. „Warte Papa!“, schrie sie. „Warte!“

Das Auto bremste, Schotter spritzte und Trudi tauchte durch die Staubwolke.

„Willst du doch mit nach Hause?“, fragte ihr Vater.

„Quatsch, nee,“ hustete Trudi. „Ich will dich nur noch mal kurz was fragen: Hast du wirklich deinen Winnetou vergessen, mit dem du früher gespielt hast?“

„Meine Süße, ich erinnere mich einfach nicht mehr so richtig. Es ist doch schon so lange her ... ja, es gab da mal so einen Winnetou. Ich denk auf der Fahrt drüber nach, ok? Aber ich muss jetzt wirklich los“, sagte ihr Vater. „Alles klar?“

Trudi nickte. Ihr Vater warf ihr einen Kuss zu und gab Gas.

40. Kapitel

Wo sind denn Teresa und die anderen?“, fragte Trudi, als sie auf den Hof zurückkam. Oma räumte gerade den Tisch ab. „Welche anderen?“, antwortete sie verwundert. „Teresa ist mit Opa in die Werkstatt abgezogen. Geh nur“, sagte sie, als sie Trudis pflichtschuldiges Zögern bemerkte, „ich mach das hier schon.“

Die Werkstatt war riesig und Opa hatte das vordere Hoftor, durch das früher der ganze Heuwagen gepasst hatte, geöffnet. Im Sonnenlicht tanzten tausend Staubkörnchen. Die Troschkas standen auf der Werkbank und besahen sich alles. Um die Kreissäge machten sie einen großen Bogen „Das ist ja eine richtige Folterkammer“, sagte Klawotschka mit kritischem Blick auf Holzschrauben, Bohrer und Stechbeitel. „Ich würde es Wellness-Oase nennen“, lächelte Tonjetschka und strich zärtlich über das Sandpapier. „Geht's jetzt los?“, fragte sie.

„Hmm“, brummte Opa Zäck und klopfte an ihren Kopf.

„Hee! Was soll das?“

„Beruhig dich“, sagte Teresa, „er muss doch nur prüfen, ob du schon getrocknet bist.“ Teresa klopfte erneut. Diesmal schwieg Tonja und lauschte andächtig.

„Hört sich ganz schön hohl an“, meinte Trudi.

„Is' trocken genug“, stellte Opa Zäck fachmännisch fest. „Ich glaub, wir können loslegen.“

Tonjetschka strahlte.

„Weg mit dem gelben Kleid“, seufzte sie,
„dafür 'nen Nietengürtel extra breit,
die Jeans slim fit und nicht zu weit,
ein rot gestreiftes T-Shirt wär echt gut,
dazu ein cooler schwarzer Zylinderhut.
Auch träum ich so lange schon von einem Bart“

– und an dieser Stelle entfuhr Klawotschka ein schrilles Quietschen –

„aber nicht so rauschig, sondern eher flauschig.
Ein schöner blauer Schnurrbart,
dezent und zart.“

„Blau?“, schrie Klawotschka.

„Also meine Süße, wenn du dich da nicht farblich ein bisschen vertust“, meinte Galotschka.

„Mein wertes Fräulein Schapka“, sagte Opa Zäck (er konnte sich ihre Namen nicht merken), „bevor es aber mit dem Anstreichen losgeht – und ich bin da wirklich kein Picasso, das können die Mädchen bestimmt besser –, muss zuallererst mal die ganze alte Farbe runter." Er kramte in der Schublade, holte eine Metallbürste und einen Streifen grobes Sandpapier hervor und reichte es Teresa.

„Anschliff und Grundierung. Erst ganz zum Schluss kommt die hohe Kunst", sagte Opa.

Teresa rieb vorsichtig mit dem Sandpapier über Tonjetschkas Rücken. In großen Flocken löste sich das Gelb, das einmal ihr Schürzenkleid gewesen war. Tonja seufzte selig.

„Sie wird ja ganz nackig!", kreischte Klawotschka.

„Pass bloß auf, dass der Mund dranbleibt!", meinte Trudi. „Sonst kann sie uns gar nicht mehr sagen, wie sie später aussehen will."

„Und ihre Augen, ihre schönen schwarzen Augen mit den langen Wimpern, die muss sie doch auch behalten", meinte Piroschka.

Tonjetschka war einverstanden. „Geht klar", kicherte sie.

„Nun halt doch mal still", schimpfte Teresa.

„Aber es kitzelt so!", quietschte Tonja.

Opa Zäck begutachtete Tonjetschka. „Ich werd' mal die Farbe holen."

„Die Grundierung", meinte Trudi zufrieden, als

Opa ihr den Pinsel und die weiße Farbe reichte. „Möglichst dünn und ohne Nasen“, sagte er.

Tonjetschka rekelte sich wohlig. „Das ist ja wie eine Massage“, schnurrte sie, als der Pinsel über ihren Rücken glitt.

„Pass bloß auf, dass du vor lauter Tiefenentspannung nicht vom Tisch kullerst“, knurrte Klawotschka.

„Nur dass du's weißt“, sagte Galotschka kritisch, „du siehst jetzt aus wie ein Geist.“

„Kann ich mal einen Spiegel haben?“, fragte Tonja.

„Nur, wenn du dann nicht flennst“, sagte Galotschka streng.

„Sie ist doch nur zeitlich begrenzt ein Gespenst“, meinte Piroschka.

Tonjetschka blickte in den Spiegel, lachte übermütig und verneigte sich vor Teresa und Trudi:

„Gestatten: Tonjetschka – das Treibholz der
Truppe,
auch wenn's nicht so aussieht, so bin ich doch
Teil dieser Puppe!“

„Für Oma werden die Troschkas irgendwie nicht lebendig“, meinte Trudi nachdenklich zu Opa Zäck. „Sie sieht sie nicht richtig, oder?“

„Ihr reichen im Leben eben die vier alltäglichen Dimensionen: Länge, Breite, Höhe, Zeit“, sagte er.

„Die meisten Leute haben damit schon genug zu tun. Du siehst doch, dass sie den ganzen Tag beschäftigt ist. Damals bei Winnetou war es nicht anders."

„Und Papa?", fragte Teresa.

Opa zuckte mit den Achseln und seufzte. „Tja."

Plötzlich war draußen Motorengeknatter zu hören.

„Da kommt Rudi. Ich bring jetzt schnell mal mit ihm den Trabi in die Werkstatt. Unsere Kleene hier muss ja sowieso erst mal ein bisschen trocknen", sagte Opa Zäck und erhob sich.

„Wenn ihr Durchzug macht, geht es vielleicht schneller", meinte Tonjetschka und streckte ihre Arme weit von sich, damit auch die Farbe unter den Achseln trocknete.

„Mach mal das hintere Tor auf", sagte Teresa, die dabei war, die Pinsel auszuwaschen. „Du kannst ja auch mal was tun."

„Ich bin doch nicht dein Diener", meinte Trudi, die es sich auf einem Stapel alter Autoreifen bequem gemacht hatte und die dämmrige Betriebsamkeit um sich herum genoss.

„Pfff", machte Teresa und ließ sich neben ihrer Schwester in einen anderen Autoreifenstapel sinken. „Dann eben nicht. Blöde Kuh."

„Selber", sagte Trudi. Teresa antwortete nicht. Es war zu warm zum Streiten.

„Jetzt brauchen wir nicht mehr nach dem alten Plumpsklo zu suchen“, versuchte Trudi nach einer Weile einzulenken. „Weil Papa ja selbst der Beweis war, dass Oma und Opa Zäck unsere wirklichen Großeltern sind.“

„Mmmhmm“, meinte Teresa schläfrig.

41. Kapitel

Wieso bleibt denn der alte Zäck so lange weg?", riss Tonja ungeduldig die Mädchen aus ihrem Autoreifenschlummer. „Ich bin längst trocken!" Sie sah immer noch aus wie ein Gespenst im Nachthemd.

„Wir machen am besten erst mal einen Plan, wie wir dich anmalen", meinte Teresa und kramte nach Papier und Bleistift. Sie zeichnete die Umrisse von Tonja und malte dann nach Tonjetschkas genauer Anweisung auf, wie diese später aussehen wollte. Besonders der Nietengürtel war schwierig zu zeichnen, denn Tonja hatte eine ziemlich genaue Vorstellung davon, wie er aussehen sollte: „Mit einer Drachenkralle als Schnalle."

Teresa seufzte und war froh, in der Ferne das inzwischen wohlbekannte Motorengeknatter zu hören. Die Mädchen liefen nach draußen auf den Hof. Opa Zäck stieg ächzend von Rudis Moped und wuchtete einen Karton aus dem Anhänger. „Guckt euch das an, so schöne Augustäpfel!“, schrie Rudi. „Die Alleebäume runter zum Fluss hängen voll davon. Und ich sag zu Zäck, da lass uns mal welche mitnehmen, für Kinder und Karnickel, kost' ja alles nix! Und so 'n schöner Appelkuchen von Mutti, det is doch ooch wat, nich', Hellalein?“

„In unserem Garten stehen zwei Bäume mit Augustäpfeln“, meinte Oma Zäck und nahm ihrem Mann den Karton ab, um ihn ins Haus zu tragen.

„Da haste aber auch 'nen ganz schönen Drachen im Haus“, flüsterte Rudi.

„Versuch nicht, zu flüstern, Rudi“, rief Oma Zäck aus der Küche. „Dich hören noch die Toten unterm Gras.“ Für alle außer ihn selbst war Rudis Flüstern auch im Umkreis von fünfzig Metern noch gut zu vernehmen.

„Hat sie was gesagt?“, fragte Rudi, doch Opa winkte ab.

„Na, dann mach ich mal los, Karnickel füttern“, schrie er, ließ den Motor an und verschwand kurz darauf mit seinem Moped über den Schotterweg Richtung Deich.

„Seine Kaninchen müssen fett wie Presswürste sein, so viel wie die gefüttert werden“, meinte Opa kopfschüttelnd. „Kommt, Mädels, machen wir weiter.“

Sie begannen mit Tonjas Hose, denn eine Jeans war ja einfach zu malen, fand Trudi. Den Nietengürtel überließ sie lieber Teresa. Teresa hatte eine Eins plus in Kunst. *Was sonst.* Bald glitzerten die aufgemalten Nieten des Gürtels richtig silbrig in der Sonne und die Streifen auf dem T-Shirt leuchteten laternenrot.

„Donnerwetter", meinte Opa Zäck anerkennend. Im nächsten Augenblick fragte er erschrocken: „Aber Püppie, was is' los? Warum weinst du denn?"

„Weil es so schön wird", schniefte Tonja und in diesem Moment löste sich eine Träne, tropfte von ihrem Kinn und lief in einer rosa Schliere über ihr neues T-Shirt.

„Oh nein", rief Teresa bestürzt, „du darfst nicht weinen! Dann verläuft doch alles!"

„Ich bin aber so glücklich", heulte Tonja und jetzt quoll es in Sturzbächen aus ihr heraus, „d... d... dass ich meine Schwestern wiederhabe und d... d... dass wir jetzt bei euch sind."

In Opas Werkstatt gab es nur ölverschmierte Lumpen. „Ich hol Küchenpapier", meinte Trudi, während Teresa mit einem alten Taschentuch den Tränenstrom aufzuhalten versuchte. Als Trudi zurückkam, hatte sie Oma Zäck im Schlepptau.

„Jetzt muss ich aber auch mal gucken, was ihr hier veranstaltet", sagte sie neugierig. Die Troschkas erstarrten. „Oh, sie sieht ja schon fast wie neu aus! Aber so ganz anders als die anderen!"

„Hellaaa …", sagte Opa Zäck gedehnt.

„Das ist doch schön! Es müssen ja nicht immer alle gleich sein, ist ja im richtigen Leben auch nicht anders", plapperte Oma Zäck munter weiter, „guckt mal, da habt ihr aber etwas zu viel Wasser genommen! Die Farbe verläuft ja! Und dann seht mal zu, dass ihr fertig werdet, in zehn Minuten gibt's Essen, Leute." Damit stapfte sie in Haus zurück.

Teresa und Opa wischten die verlaufene Farbe ab, so gut es ging. Glücklicherweise war der Nietengürtel verschont geblieben.

„So im starren Zustand streicht es sich eigentlich besser", meinte Opa Zäck, „wenn einem niemand mehr reinquatscht."

Teresa nickte grinsend.

42. Kapitel

Nach dem Essen erweckten sie die Troschkas mit ihrem Klettspiegel wieder zum Leben. „Hast du dich wieder beruhigt?“, fragte Trudi.

„Alles wieder ok“, sagte Tonja und strahlte ihr Ebenbild im Spiegel an.

„Willst du jetzt wirklich noch einen blauen Schnurrbart?“, meinte Teresa.

Klawotschka schüttelte wild ihren Kopf, aber Tonjetschka antwortete:

„Na klar! Und ich will auch auf dem Kopf
blaue Haare – ohne Zopf.“

Dann fügte sie gnädig hinzu:

„Das mit dem Zylinderhut meinetwegen lass ich.
Ist vielleicht doch ein bisschen zu affig.“

Trudi sah ihrer Schwester zu, wie sie den Pinsel etwas zögerlich in die kobaltblaue Farbe steckte.

„Du kannst einfach alles besser als ich“, sagte sie leise.

„Ach Quatsch", meinte Teresa, aber es war ihr anzuhören, dass sie das auch fand.

„Aber du hast die Idee mit dem Umstreichen gehabt", sagte Piroschka. „Und ohne deine Idee könnte Tonja jetzt nicht so werden, wie sie will."

„Das stimmt", musste Teresa zugeben.

„Und das Plüschding mit der Such-Grab-Funktion war auch deine Idee!", meinte Anuschka. „Sonst würde ich immer noch in diesem Biberloch feststecken!"

Trudi seufzte in sich hinein. *Eigentlich will ich gar nicht so sein wie Teresa, es ist nur einfach praktischer. Dann hat man seine Ruhe vor den Erwachsenen und keiner kann meckern, weil Teresa es ja vor mir schon so gemacht hat.*

„Schade, dass man Menschen nicht auch einfach umstreichen kann", sagte Trudi. „Ich hätte gerne so schwarze Haut wie meine Freundin Ava. Das würde gut zu meinen blonden Spirellilocken passen."

Anuschka räusperte sich. „Also, wo ihr jetzt schon dabei seid: Auch ich würde mich gern ein wenig verändern, ein bisschen mehr ich selbst sein, in zu mir passenden Gewändern."

Tonjetschka lächelte zufrieden.

Und plötzlich wollten alle umgestrichen werden. Alle außer Klawotschka.

„Na, dann mal los", sagte Opa Zäck seufzend, „alle der Reihe nach. Trudi schleift mit Sandpapier, ich grundier' und Teresa hier –"

„Malt uns neu an, weil sie es am besten kann!", rief Piroschka.

Klawotschka räusperte sich: „Also, die wertvollsten Matroschkapuppen sind ja eigentlich die", sagte sie streng, „bei denen die Puppen untereinander so ähnlich sind, dass man sie, abgesehen von der Größe, nicht unterscheiden kann." Sie sah zu Anuschka, die mit einem Fetzen Sandpapier an ihren angenagten Clogs herumrieb. „Das wollte ich nur noch mal kurz sagen."

Dann setzte sie sich auf einen Akkuschrauber, schwieg und sah zu, wie sich die anderen veränderten.

Anuschka wünschte sich einen feinen Mantel aus glänzenden Fischschuppen, rote Stiefel mit Gummisohle und eine Biberfellmütze: „Zur Abschreckung. Ich kann es immer noch nicht fassen, dass ich hab einen Biber an mir nagen lassen."

Galotschka verkündete, sie wolle ihr Haar „rot und ganz eichhörnchenweich, lang und hochgesteckt zugleich, dazu ein Kleid mit einem Stoff aus roten Nelken, die ewig duften und niemals welken."

„Offenes Haar mit Federn von Eulen und Raben", wünschte sich Piroschka, „und spitze Ohren wie

Elfen sie haben, ein rotes Käppchen und ein Kleid aus feinem Samt, wiesengrün und unverschrammt."

Dann wandte sie sich an Klawotschka und sagte: „Mit ein bisschen Farbe könnte man auch deine Kratzer und Dellen zum Verschwinden bringen. Das wäre doch nur – ein bisschen Korrektur. Und du kannst trotzdem so bleiben, wie du bist."

„Und wenn Teresa dir eine Brille malen würde, wärst du nicht mehr kurzsichtig!", rief Trudi.

Klawotschka sah sie nachdenklich an.

„Das ist wohl richtig", sagte sie, „o.k., eine Brille, die wär vielleicht wichtig. Aber mehr ist nicht drin, denn ich mag mich so, wie ich bin."

43. Kapitel

Die fantastischen Fünf", sagte Teresa stolz, denn die Troschkas sahen umwerfend aus. Geordnet in einer Reihe standen sie da, die Arme zum Trocknen von sich gestreckt wie Kormorane auf einem Felsen. Sie betrachteten sich in dem Klettspiegel, den Trudi ihnen hinhielt.

Klawotschka sagte: „Erst fand ich unsere Einheitlichkeit ja wirklich klasse, doch jetzt seh ich's ein: Die macht selbst aus Schönheit graue Masse."

„Genau! Wem nützt es, wenn sich alle gleichen, die Vielfalt muss man unterstreichen!", stimmte ihr Galotschka zu und schüttelte ihr langes Haar, sodass die noch feuchte, rote Farbe nur so spritzte und die anderen quietschend zur Seite sprangen. Piroschka rief: „Alle sind anders, alleine ist keine, und doch sind wir immer noch zusammen die eine ..."

„Wir sind nicht *eine*", unterbrach Anuschka sie.

„Wir sind *die* schönste Matroschka der Welt, weil jede so sein kann, wie es ihr gefällt!“, rief Tonjetschka und erstarrte.

Oma stand mit Handtüchern in der Werkstatttür. „Wollt ihr die ganzen Ferien in dieser staubigen Höhle hier verbringen? Draußen ist schönstes Badewetter!“ Dann trat sie näher und besah sich die Troschkas. „Die sind aber schön geworden“, sagte sie erstaunt. „Sie sehen jetzt plötzlich so … so echt aus!“

„Nicht wahr?“, sagte Trudi. „Fast wie lebendig, oder?“

„Los, raus hier, rauf auf ’n Deich und runter zum Wasser“, sagte Oma Zäck kopfschüttelnd. „Wo ist eigentlich der olle Erich? Der will doch bestimmt mit!“

„Ich geh ihn holen“, rief Teresa.

„Die Püppies müssen doch sowieso noch trocknen“, sagte Opa Zäck zu Trudi. „Ich geh noch schnell meinen Badeschlüppi holen.“

„Ok“, sagte Trudi und streifte Opas altes Hemd ab, das sie zum Malern angehabt hatte. Viel genützt hatte es nicht, denn selbst ihre Beine waren voller Farbkleckser. Weil alle weg waren, war es im Schuppen plötzlich ganz still geworden. Sie betrachtete die Troschkas durch ihren Klettspiegel. Die fünf waren in ein Gespräch vertieft, sahen aber lächelnd zu Trudi, als sie ihren Blick bemerkten. „Wir bleiben lieber hier! Alle fünf und nicht nur vier", sagte Klawotschka lächelnd. „Geht nur ruhig ausgiebig baden, dir kann es bestimmt nicht schaden."

Trudi grinste und versuchte, die Farbreste von ihren Händen zu puhlen.

„Aber bevor du gehst, Trudi, kannst du vielleicht doch noch das hintere Tor aufmachen?", bat Anuschka. „Du weißt schon, damit mehr Durchzug ist und wir schneller trocknen?"

„Klaro", sagte Trudi großzügig.

Das hintere Tor schien schon lange keiner mehr geöffnet zu haben, denn die Scharniere waren ziemlich eingerostet und knirschten so, dass Trudi eine Gänsehaut bekam. Obwohl sie sich mit ihrem ganzen Gewicht dagegenlehnte, kriegte sie das Tor kaum mehr als einen Spaltbreit auf. *Vielleicht reicht das ja schon,* dachte Trudi und blinzelte in die helle Sonne.

Dann sah sie es: Das kleine, abbruchreife Häuschen mit einem Herzchen in der Tür. Inmitten von Brennnesseln lehnte es altersschwach an der Hinterwand der Werkstatt. Trudi quetschte sich durch den Türspalt.

„Das Plumpsklo", flüsterte sie und spürte, wie ein leichter Schauder über ihre Unterarme strich. Rasch drehte sie sich um und schlüpfte zurück in die Werkstatt. Die hölzernen Damen lächelten zufrieden. Anuschka zwinkerte ihr zu.

Ein kleines bisschen verhext ist diese Gegend hier aber schon, dachte Trudi. Dann rief sie: „Tschüssi, ich geh dann mal!“, und warf den Troschkas im Laufen noch ein paar Handküsse zu. Sie flitzte über den Hof und durch den Garten. Die anderen waren nicht mehr zu sehen. Aber oben auf dem Deich stand der olle Erich und schien auf sie zu warten.

„Was nützt es, wenn sich alle gleichen,
die Vielfalt muss man unterstreichen!“,
sang Trudi.
„Könnte es was Besseres geben,
als als Schwestern so wie wir zu leben?“

Autorin

KATJA LUDWIG lebt mit ihrer Familie in Berlin. Wenn sie nicht schreibt, arbeitet sie als Chirurgin. Ihr zweiter Wohnsitz befindet sich in Brandenburg – genau da, wo auch die Geschichte vom „Schwesternzauber“ spielt.

Außerdem ist von Katja Ludwig bei cbj erschienen:
Das Mauerschweinchen
ISBN 978-3-570-17599-6

Illustratorin

SUSANNE GÖHLICH, 1972 in Jena geboren, lebt mit ihrer Familie in Leipzig. Neben dem Studium der Kunstgeschichte begann sie zu zeichnen; sie arbeitet heute als freie Autorin und Illustratorin und hat zahlreiche Kinderbücher veröffentlicht.

Bei diesem Buch wurden die durch das verwendete Material und die Produktion entstandenen CO_2-Emissionen ausgeglichen, indem der cbj Verlag ein Projekt zur Aufforstung in Brasilien unterstützt.
Weitere Informationen zu dem Projekt unter:
www.ClimatePartner.com/14044-1912-1001

FSC www.fsc.org MIX Papier aus verantwortungsvollen Quellen FSC® C014496

Wir produzieren Klimaneutral ClimatePartner.com/14044-1912-1001 Druckprodukt

Penguin Random House Verlagsgruppe
FSC® N001967

1. Auflage 2021

Umschlagkonzeption und -illustration: Susanne Göhlich
Umschlagfertigstellung: Lena Ellermann
CK · Herstellung: AJ
Satz und Druck: GGP Media GmbH, Pößneck
ISBN 978-3-570-17600-9
Printed in Germany

www.cbj-verlag.de
Dieses Buch ist auch als E-Book erhältlich.